인디언
영혼의 노래

인디언
영혼의 노래

초판 1쇄 | 2013년 5월 20일
개정판 1쇄 | 2022년 5월 15일

지은이 | 어니스트 톰슨 · 시튼 줄리아 M. 시튼
옮긴이 | 정영서
펴낸이 | 정기근
펴낸곳 | 도서출판 책과 삶
등록 | 206-28-88651
주소 | 서울시 성동구 성수1가2동 13-443호. 301호.(133-822)
전화 | 02-461-9467
팩스 | 02-461-9468

ISBN 978-89-968888-2-6   03900

* 본 저작물은 신 저작권법에 의해 한국 내에서 보호를 받습니다.
　무단전재와 무단복제를 금합니다.

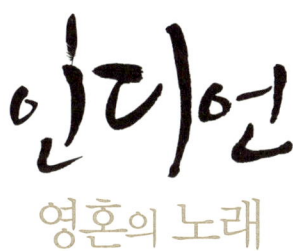

영혼의 노래

어니스트 톰슨 | 시튼 줄리아 M. 시튼 지음 | 정영서 옮김

책과 삶

서문

　1905년 3월, 우리는 순회강연 차 로스앤젤레스에 있었다. 강연 다음날 아침 우리는 밴 누이 호텔에서 단장(시튼은 전 세계에 단장^{The Chief}으로 알려져 있었다. 그가 미국 보이스카웃 창설에 주도적 역할을 한 때문이었다)을 찾아 온 사람들을 만났다. 동쪽에서 찾아 온 이들은 단장에게 다음과 같은 말을 했다. "당신에게 전해 줄 얘기가 있습니다. 언덕 위에 당신을 만나고 싶어 하는 이상한 여자가 있습니다." 우리는 전차를 끝까지 타고 간 후 다시 걸어서, 지금은 비버리힐즈라고 부르는 곳으로 올라갔다. 높은 초록빛 비탈 위에 작고 하얀 집한 채가 있었다. 그 집 앞에 시골 아낙 같은 차림의 여자가 한 명 있었다. 우리가 다가가자 그녀는 앞치마를 흔들었다.

그녀는 자신을 아이오와 주에서 태어나긴 했지만, 인도에서 온 마하트마라고 소개했다. 그녀는 어렸을 때 집을 떠나 인도에서 위대한 스승들 밑에서 오랫동안 공부를 한 후 사명을 띠고 다시 미국에 돌아왔다고 말했다. 그녀는 범상치 않은 사람으로 보였다. 그녀의 나이가 30살인지 130살인지도 판단할 수 없었다. 피부는 노란 양피지 같았고, 그다지 깊지 않아 주름이라고 할 수는 없는 수많은 가는 선들이 얼굴에 가득했다. 그녀의 눈은 신비주의자의 그것처럼 아득한 깊이를 가지고 있었다. 커피와 케이크를 내 온 후 그녀가 했던 이야기들은 평범한 것이었다. 우리는 왜 그녀가 우리를 만나자고 했는지 의아했다.

한 시간 쯤 지난 후, 우리는 자리에서 일어섰다.

그때 그녀가 단장을 향해 돌아 섰다. 지금까지와는 전혀 다른 위엄 있는 모습이었다. 눈빛은 빛났고 목소리에는 힘이 실려 있었다. "당신은 자신이 누군지 모르십니까?"

그녀가 말을 이어가는 동안 우리는 충격에 빠져 아무 말도 할 수가 없었다. "당신은 인디언의 메시지를 백인들에게 전하기 위해 환생한 인디언 추장입니다. 그들에게는 그것이 너무나 필요합니다. 왜 당신은 자신의 일을 시작하지 않는 거죠?"

단장은 양심의 가책을 느끼는 것처럼 보였다. 그는 돌아오는 내내 아무 말도 하지 않았고, 그 후에도 오랫동안 그 일에 관해서는 얘기가 없었다. 그러나 그 신비한 여성의 얘기는 그가 지난 몇 년간 막연한 상태로나마 해 오던 일에 관해 좀 더 집중하게 했다는 것을 나는 알고 있었다. 단장은 그의 생애 동안 그 여자가 '그의 일'이라고 말한 일에 집중하지 않은 적이 없었다.

때문에 수년간의 연구 끝에, 우리의 연구 결과를 분명한 메시지로 만드는 것은 우리의 의무이자 특권이라는 생각을 하게 되었다.

원고가 완성되었을 때, 저명한 학자인 유대교 랍비가 우리를 방문했다. 그는 세심하게 원고를 읽은 후 "이것이야말로 유대교에서 말하는 바로 그 내용입니다."라고 말했다. 그의 인정은 우리를 기쁘게 했다. 몇 주 후 동부에서 온 두 명의 장로교 목사는 "이 책의 내용은 현대 장로교에서 얘기하는 것과 완벽하게 일치합니다."라고 말해 주었다.

그리스 정교의 대주교 한 분은 "이 원고의 내용은 몇몇 의식이나 의례가 빠진 순수한 카톨릭"이라고 자신 있게 얘기해 주었다.

퀘이커 교도는 그 내용이 자신의 교단에서 설교하는 내용이라고 말했고, 유니테리언교(18세기에 등장한 반삼위일체론 계통의 교회)의 목사는 "가장 순수한 에머슨적 유니테리언 교리"라고 말했다. 어떤 프리메이슨 단원은 그 내용이 자기 조직의 것과 다를 게 없다고 얘기했다.

따라서 이 원고에 쓰인 내용은 보편적이고 기본적이며 근원적인 진정한 종교적 내용임에 틀림없는 것 같았다. 그렇다면 당연히 이 내용은 독단을 벗어나 진리를 찾으려는 세상에 소개될 필요가 있을 것이다.

인디언의 사상과 문화에 대한 기록을 모으면서, 우리는 자신의 삶을 그 연구에 바쳐온 많은 사람의 도움을 받았다.

그들 중에는 인디언도 있고 백인도 있다. 이 책의 내용은 모두 그들의 동의하에 수록된 것이다. 우리에게 도움을 준 인디언은 다음과 같다.

스탠딩 베어 추장 : 수우족. 수우족에 관한 몇 권의 책을 저술했다.
선플라워 : 수우족. 스탠딩 베어의 동료. 강연자
워킹 이글 : 오지브웨족. 강연자이며 인디언의 삶에 대한 연구를 했다.
오이예사(찰스 A. 이스트맨 박사) : 수우족. 강연가이면서 자신의 종족에 대한 몇 권의 책을 저술했다.
아탈로아 : 치카소족. 강연가. 베이컨 대학 예술학부의 전(前) 학과장.
존 J. 매튜 : 오세이지족. 저술가면서 강연가. 옥스퍼드 대학 졸업.
오스케논톤 추장 : 이로쿼이족. 강연자이면서 가수.

백인은 다음과 같다.

메리 오스틴 : 인디언과 다른 주제에 관해 많은 책을 쓴 저술가.
에드가 L. 휴이트 박사 : 미국연구학파 School of American Research를 대표하는 고고학자 겸 저술자.
캐네스 M. 채프먼 : 인류학연구소 Laboratory of Anthropology를 대표하는 저술가 겸 강연가.

조지 버드 그린넬 박사 : 저술가 겸 강연가. 인디언 연구에 평생을 바쳤다.

제임스 무니 : 스미스소니언 재단을 대표하는 저술가.

F. W. 호지 박사 : 사우스웨스트 박물관을 대표하는 저술가 겸 강연가

로라 에덤스 아머 부인 : 저술가 겸 강연가. 입양되어 나바호족이 되었다.

줄리아 M. 시튼

1937년, 퀸 메리호 선상에서

개정판 서문

    이 작은 책의 지난번 판본이 나온 이후, 단장은 그가 이 세상에서 이룬 성취보다 더 큰 것을 이루기 위해 저 세상으로 떠났다. 그러나 그가 몇몇 초기 저서에서 추구했던 지향점은 이 책 구석구석에서 변치 않는 열정으로 얘기되고 있다. 그는 동물기의 저자로 많이 알려져 있기는 하지만, 그의 삶 중 많은 부분을 인디언을 돕는데 바쳤다. 더 나아가 인디언들이 그들의 위대함이 훼손되지 않았던 시기에 이룩했던 가르침의 가치를 백인들이 깨닫도록 하는데 헌신했다. 다른 위대한 사람들처럼, 그는 시대를 앞서 살았고 이 세상이 필요로 하는 것을 미리 보았다. 그가 세웠던 이상에 대한 변함없는 경의와 애정을 담아 새 판을 출간하며, 그가 '인간다움의 복음'이라 불렀던 이 내용이 널리 퍼져 나가길 희망한다.

줄리아 M. 시튼,
1948년, 캘리포니아 로스앤젤레스에서

차 례

서문 ⋯ 4
개정판 서문 ⋯ 10

제1장 | **인디언의 영가**

제2장 | **인디언의 영혼**

    인디언의 영성 ⋯⋯⋯⋯⋯⋯⋯⋯⋯⋯⋯ 23

    종교 ⋯⋯⋯⋯⋯⋯⋯⋯⋯⋯⋯⋯⋯⋯⋯ 27

    인디언의 주일 ⋯⋯⋯⋯⋯⋯⋯⋯⋯⋯⋯ 31

    추장과 선교사 ⋯⋯⋯⋯⋯⋯⋯⋯⋯⋯⋯ 33

    인디언의 교의 ⋯⋯⋯⋯⋯⋯⋯⋯⋯⋯⋯ 38

    12계율 ⋯⋯⋯⋯⋯⋯⋯⋯⋯⋯⋯⋯⋯⋯ 41

    신비주의자와 주술사 ⋯⋯⋯⋯⋯⋯⋯⋯ 46

    인디언의 침묵 ⋯⋯⋯⋯⋯⋯⋯⋯⋯⋯⋯ 50

    일상적 경배 ⋯⋯⋯⋯⋯⋯⋯⋯⋯⋯⋯⋯ 52

    인디언의 기도문 ⋯⋯⋯⋯⋯⋯⋯⋯⋯⋯ 55

    오마하족의 기도 ⋯⋯⋯⋯⋯⋯⋯⋯⋯⋯ 58

    티와라에 바치는 찬양 ⋯⋯⋯⋯⋯⋯⋯⋯ 60

    장례와 죽음에 대한 믿음 ⋯⋯⋯⋯⋯⋯ 63

    죽음의 노래 ⋯⋯⋯⋯⋯⋯⋯⋯⋯⋯⋯⋯ 66

제3장 | 전통적 삶의 방식

성공적 사회주의자 ··········· 71
기본적 법률 ··········· 75
결혼과 이혼 ··········· 80
아이들 ··········· 82
여성의 지위 ··········· 85
순결 ··········· 87
선교사들이 본 인디언 ··········· 90
군인들이 본 인디언 ··········· 96
우리의 현자들이 본 인디언 ··········· 100
마법은 범죄 ··········· 102
주술사 ··········· 103
범죄에 대한 처벌 ··········· 105
치안 요원 ··········· 106
고문과 가죽 벗기기 ··········· 107

제4장 | 열매로써 그들이 어떤지를 알 수 있다

육체적 능력 ··········· 113
청결 ··········· 121
용맹함 ··········· 124
쾌활함 ··········· 129

정직함 ……………………………………………… 132
친절함 ……………………………………………… 137
평화에 대한 생각 ………………………………… 141
아즈텍 부족의 아버지가 아들에게 주는 충고 …… 147
조국애 ……………………………………………… 151

제5장 | 와바샤

와바샤의 가르침 ………………………………… 157
천막에서의 규칙 ………………………………… 162

제6장 | 선조의 지혜

태초에 ……………………………………………… 169
창세기 ……………………………………………… 171
퀴체족의 창조 신화 ……………………………… 173
완전한 부권 ……………………………………… 175
오마하족의 경구 ………………………………… 176
선조들의 격언 …………………………………… 177
죽은 사슴을 위하여 ……………………………… 179
늙은 양파 장수 …………………………………… 181
고독한 추장의 교훈 ……………………………… 184
테쿰세의 연설 …………………………………… 186
레드 재킷의 대답 ………………………………… 189
인디언 담당관에게 시팅 불이 한 청원 ………… 197
노코나의 죽음 …………………………………… 199

제7장 | 인디언의 선지자들

하이어워사 ··· 207
포와턴 ··· 209
메타코미트 ··· 210
와바샤 ··· 211
폰티악 ··· 212
테쿰세 ··· 214
블랙호크 ··· 216
세퀴이어 ··· 217
크레이지 호스 ······································ 218
시팅 불 ·· 219
스모할라 ··· 222
제로니모 또는 고야쓸레이 ························· 223
워보카 ··· 225

제8장 | 백인들이 기록한 인디언의 생각

제9장 | 어디로?

비전 ··· 245

후기   인디언의 메시지 ··· 248

제 **1** 장

인디언의 영가

그들은 야생적 삶의 선구자들이다.
그들이 보여주는 삶의 자세와 교훈은 내가 알고 있는 어떤 윤리적 가르침보다도
오늘 우리 세계에 더 필요한 것이라는 생각을 한다.

제로니모

인디언에 의해 쓰인 인디언의 종교적 경전은 없다. 이 점은 모세가 직접 쓴 모세5경(구약성서 맨 앞에 있는 창세기, 출애굽기, 레위기, 미수기, 신명기 등 5종의 책)이 없고 부처가 쓴 불경이 없으며 소크라테스가 대화편을 쓰지 않았고 예수가 복음서를 쓴 적이 없다는 사실과 같은 맥락이다. 그들에 관한 모든 기록물은 생전에 인디언의 정신적 지도자를 알았던 사람들 또는 그들의 가르침을 구전으로라도 들었던 사람들에 의해서 작성된 것이다.

나는 아직까지 자신이 가진 믿음의 세부 사항에 대해 상세하게 직접적으로 얘기하는 인디언을 한 번도 만난 적이 없다. 그들에 대한 기록물은 나이 든 사람에게 예의를 갖춰 질문해서 들은 것이거나 그들의 전설을 모으는 과정에서 얻어진 것이다. 또 그들의 관습과 생활을 관찰하고 선지자에 관한 기록을 모으는 과정을 통해서 모아진 것이다. 다른 방식으로는 초기 인디언의 삶을 알고 있는 백인들과의 대화를 통해 얻은 것도 있다. 무엇보다 가치 있는 자료는 어린 시절을 인디언의 전통적 방식 속에서 보낸 후 백인의 교육을 받은 사람들과의 대화를 통해 얻어진 것들이다. 이런 과정을 통해 우리는 인디언의 종교적 신념과 불문율에 대한 일종의 전체적 조망을 할 수 있었다. 아울러 이웃과 자신에 대해서 뿐 아니라 세상의 창조자이며 지배자인 위대한 영에 대해 느끼는 책임과 의무에 대한 생각들도 이해해 나갈 수 있었다.

우리가 사는 대륙에는 많은 수의 인디언 종족과 다양한 문화가 존재하며 정립된 사상조차 세부 사항에서는 매우 다르기도 하다. 나는 그 중에서 가장 가치가 있거나 최고의 내용이라고 생각되는 것들을 추려 보려 했다. 전체적으로는 수우Sioux족, 샤이엔Cheyenne족, 오지브웨Ojibway족, 이로쿼이Iroquoi족, 쇼니Shawnee족, 푸에블로Pueblo족, 나바호Navaho족, 아즈텍Aztec족, 마얀Mayan족 같이 규모가 큰 부족의 사상을 근거로 삼았다.

따라서 나는 이들 종족의 정신적 지도자들, 특히 와바샤Wabasha, 카누쿡Kanukuk, 시팅 불Sitting Bull, 크레이지 호스Crazy Horse, 워보카Wovoka, 테쿰세Tecumseh등의 가르침에 주목했다. 나는 '최고의 인디언에 의한 최고의 인디언적 삶'을 기록하려 노력했다. 비록 우리 백인들 중 많은 부분을 악인이나 범법자가 차지하고 있다고 해도 우리의 삶은 우리 중 가장 현명하거나 이타적인 삶을 살았던 사람을 통해 대표되기를 바라는 것과 같은 맥락이다.

인디언의 가르침은 예술품, 수공예품, 목공예품, 농사, 사회적 생활, 건강, 그리고 기쁨 등 다양한 분야를 망라하고 있다. 그 가르침은 관념적 논쟁을 위한 것이 아니다. 인디언의 가르침은 있는 그대로의 자신들의 삶에 대해 얘기해 줄 뿐이다. 그리고 바로 그 점이 오늘날 그들의 삶의 방식에 대해 다시 주목해야 할 이유라는 게 내 생각이다. 그들은 야생적 삶의 선구자들이다. 그들이 보여주는 삶의 자세와 교훈은 내가 알고 있는 어떤 윤리적 가르침보다도 오늘 우리 세계에 더 필요한 것이라는 생각을 한다. 무엇보다 그들의 영적 가르침은 가장 중요한 것이지만 가장 소홀하게 취급되어온 것이기도 하다.

제2장

인디언의 영혼

북미 인디언들에게는 사제도 우상도 희생양도 없었다.
그러나 그들은 항상 '위대한 영'과 연결되어 있었다.
보이지 않는 존재지만 숭배했고 믿음 속에서 존재를 확신했으며
영혼과 진리 속에서 현재하는 존재로서 숭배했다.

Sitting Bull

시팅 불

인디언의 영성

　백인의 문화와 문명은 본질적으로 물질적인 것이다. 그들은 "얼마나 많은 부를 가지고 있는가?"를 성공의 척도로 삼는다. 인디언의 문화는 본질적으로 성신석인 것이다. 그들은 "동족에게 얼마나 많은 도움을 주었는가?"로 성공의 기준을 삼는다. 그들의 사는 방식, 사고, 모든 행위에는 정신적 의미가 들어 있으며 정신적 세계에 대한 전체적인 이해를 바탕으로 행해진다.

　스미스소니언 박물관의 권위자였던 게릭 멜러리는 다음과 같은 얘기를 했다. "최근까지도 주목 받지 못 한 사실이지만, 북미 인디언들에게 가장 크게 놀랐던 것은 그들이 신권정치 하의 고대 유대인에 버금갈 정도로 종교 안에서 그리고 종교에 의해서 살아왔다는 점이다. 이런 사실은 초기 선교사나 탐험가들에 의해 간과 되거나 고의적으로 부인 되었다. 원주민의 종교는 선교사들이 믿는 종교가 아니었고, 따라서 그들에게는 존재의 가치가 없거나 악마적인 것으로 간주되었다."[1]

"종교는 그들의 모든 행동과 관습에 스며들어 있는 실제 삶이었다."[2]

텍사스 지역의 촉타우Choctaw 부족에서 60년을 살았던 존 제임스는 다음과 같이 말했다. "나는 북미 인디언이 가졌던 위대한 창조자에 대한 개념은 비기독교적 문화에서 볼 수 있는 가장 지고지순한 종교적 믿음이라고 말하고 싶다."

"북미 인디언들에게는 사제도 우상도 희생양도 없었다. 그러나 그들은 항상 '위대한 영'과 연결되어 있었다. 보이지 않는 존재지만 숭배했고 믿음 속에서 존재를 확신했으며 영

---

[1] 'Picture Writing of American Indians', 1893, p.461
[2] 앞의 책 p.231

혼과 진리 속에서 현재하는 존재로서 숭배했다. 그것은 위대한 정신이었으며 자신의 피조물과의 교감을 통해 발현되는 존재였다."[3]

1834년 보네빌 대위는 네즈 페르세$^{Nez\ Perce}$ 부족을 만난 적이 있다. 당시 그 부족은 교역이나 선교를 목적으로 하는 백인들과 접촉하기 전이었다. 그는 자신이 만난 소박한 인디언의 모습을 다음과 같이 표현했다. "이 종족을 단순히 종교적이라고만 부르는 것은 그들의 모든 행동에 스며들어 있는 경건함과 헌신성을 제대로 전달하지 못하는 것이다. 그들은 완벽하게 정직하다. 순수한 목적을 가지고 종교적 의례를 철저하게 지켜가는 태도는 한결같아서 놀라울 정도다. 그들은 야만적 무리라기보다는 성스러운 종족이라고 부르는 게 더 적합할 것이다."[4]

1912년과 1914년 내 산악가이드였던 톰 뉴콤브는 '마일 원정대'(넬슨 A. 마일(1839-1925) - 미국 군인. 남북 전쟁, 인디언 전쟁, 스페인과의 전쟁 등에서 활약)의 대원이었다. 그는 1870년

---

3   'My Experience with Indians', 1923, p.67
4   Washington Irving, "The Adventures of Captain Bonneville', 1837, p.171

대 초 몇 년을 크레이지 호스 휘하에서 수우족과 지낸 적이 있었다. 그는 내게 다음과 같은 얘기를 해 준 적이 있다. – 기록을 위한 구술까지 해 주었다 –. "나는 그 어디에서도 그들보다 더 친절하고 기독교적 정신에 충실한 사람들을 본 적이 없습니다. 그들은 가난한 사람, 아픈 사람, 나이든 사람 그리고 과부나 고아를 항상 가장 먼저 보호하고 돌보았습니다. 그들은 캠프를 옮길 때면 항상 과부의 천막을 가장 먼저 옮기고 또 가장 먼저 세워 주었습니다. 사냥이 끝나고 나면 큼직한 고깃덩어리는 그것을 가장 필요로 하는 집의 문 앞에 놓여졌습니다. 백인인 나조차 그들은 형제처럼 대해 주었습니다. 다시 한 번 말하거니와 나는 인디언들 보다 더 기독교적 정신의 본질에 충실한 교회 조직을 본 적이 없습니다."

종교

하나의 위대한 영이라는 개념은 인디언들 사이에 광범위하게 퍼져 있었다. 그런 생각이 보편적이었다고까지 말할 수는 없지만 유럽에서보다는 훨씬 더 광범위한 것이었다.

가장 뛰어난 인디언들은 하나의 위대한 신을 분명히 믿고 있다. 이에 관한 많은 진술 중에서 나는 그린넬이 쓴 글을 인용하고자 한다. 위대한 영혼에 관한 포니Pawnee족의 믿음(그들은 그 존재를 티라와Tiwara라 불렀다)에 관한 글에서 그는 다음과 같이 얘기했다. "티라와는 만질 수 없는 정신이며 전능하고 자비로운 존재다. 그는 우주 전체에 스며들어 있는 최고의 통치자다. 그의 뜻에 따라 모든 일이 일어난다. 그는 선과 악, 성공과 실패를 주관한다. 모든 것은 그분Him의 뜻에 달려 있다… 모든 일은 신에게 도와 달라는 기도를 한 후에야 시작된다."

"파이프에 불을 붙일 때면 그 첫 모금은 신Deity에게 바쳐졌다. 음식을 먹을 때도 일부분은 그분을 위해 땅이나 불 위에 바쳐졌다."[5]

다른 부족들도 이 위대한 영을 지칭하는 나름대로의 명칭이 있었다. 오렌다Orenda, 마니토Manito, 와콘다Wakonda, 오렐비스Olelbis, 아그리스쿠Agriskoue, 마오나Maona, 아오나윌로나Awonawilona 등이 그것이다. 이런 이름 아래 그는 때로는 인격적 신으로 때로는 비인격적인 영으로 숭배를 받았다. 어떤 경우든 그 숭배의 완전함이란 다른 민족이나 종족에게 모범이 될 만한 것이었다.

몇몇 피상적 관찰자들은 인디언들이 태양숭배자라고 주장한다. 이 점에 대해 식견 있는 수우족 이었던 오이예사Ohi-

---

5 George Bird Grinnell, 'Pawnee Mythology', 미국민속학회지 4권, p.113

yesa는 이렇게 말한 바 있다. "인디언들의 태양에 대한 숭배는 기독교인의 십자가에 대한 존중과 다를 게 없다."[6]

캐틀린은 미주리에 살던 인디언에 대해 다음과 같이 얘기했다. "북아메리카 인디언들은 전혀 우상숭배자가 아니다. 그들은 위대한 영에게 직접 호소했다. 그들은 그것이 인격적인 것이든 상징적인 것이든 어떤 형태의 중재자도 알지 못했다."[7]

그들이 가진 관점의 넓이와 완벽한 관용성은 와바샤와 레드 자켓Red Jacket의 다음과 같은 말에 나타나 있다. "어떤 사람이 어떤 행위를 한다 해도 그의 행위가 위대한 영에 대한 숭배라는 믿음에 의한 것이기만 하면 그는 실제로 위대한 영을 숭배하고 있는 것이다. 따라서 그의 행위는 그가 타인의 권리를 침해하지 않는 한 존중될 것이다."

이 선지자들은 다음과 같은 말도 했다. "종교적 관점 때문에 다투지 마라. 위대한 영에 대한 상대의 관점을 존중하고

---

[6] "The Soul of Indian', 1911, p.13

[7] George Catlin 'Manners, Customs, and Conditions of the North American Indians', 2권, p.233

그에게도 너의 관점을 존중해 달라고 요구하면 된다. 상대가 신성하게 여기는 것을 존중하라. 다른 사람에게 너의 종교적 관점을 강요하지 마라."

인디언의
주일

인디언의 종교는 특정한 날이나 정해진 계율을 지키는 것이 아니라 모든 사고와 일상적 생활의 일부분이다.

꽤 오래전 몬타나에서 나는 한 선교사가 주일에 수레를 몬다고 어떤 인디언을 심하게 질책하는 모습을 본 적이 있다.

그 인디언은 어리둥절해 하는 것 같았다. 그는 단지 자신의 일을 하고 자신의 가족을 돌보고 있었기 때문이었다. 선교사는 그날이 주일이라는 사실을 계속 강조했다. 그 인디언은 그제서야 뭔가를 알아챈 것 같았다. 그는 눈을 반짝이며 선교사에게 대답했다. "아, 알겠습니다. 당신의 신은 한 주에 한 번씩 오시는군요. 저의 신은 매일 매 순간 저와 함께 있는데."

나는 나중에 그 선교사가 인디언의 춤을 비난하는 소리도 들은 적이 있다. 그러나 그 춤은 내가 보기에 아름답고 산뜻하고 힘차며 남성적인 것이었다. 파라오를 격퇴 시킨 것을 기념했던 미리엄의 춤이나 성궤가 이스라엘로 되돌아 왔을 때 다윗 왕이 그 기쁨을 표현한 춤이 그렇지 않았을까 싶었다.

그 선교사는 거친 언사를 쓰기 일쑤였고 인디언들이 그들의 긴 머리카락을 자르지 않는다면 감옥에 보내거나 군대를 데려오겠다고 위협하기도 했다.

나는 벤자민 프랭클린이나 조지 워싱턴도 장발이었으며 예수도 그랬었다는 예를 들어 인디언을 변호했다. 그리고 삼손이 그의 긴 머리카락을 자르도록 한 것이야말로 가장 치명적인 실수였다는 얘기도 덧붙였다.

추장과
선교사

롱 랜스가 최근 펴낸 책은 인디언의 생각과 예배를 이해하는 데 도움을 준다.[8] 이 책 내용의 신빙성은 논란이 되어 왔지만 이 책에 기술된 사건들과 유사한 일은 여러 사례 있었고 따라서 그 기초적 사실성을 의심할 수는 없다.

"… 다음날 아침 허드슨 만의 기지에 있던 그 백인 선교사는 자신이 인디언을 방문하겠다는 전갈을 보냈다. 석시섹케툭Suksiseokketuk은 그 선교사가 백인의 와카톤카Wakatonka, 즉

---

[8] 'Buffalo Child Long Lance', 1928, pp.148~51

그의 위대한 영에 대해 얘기할 거라고 말해 주었다."

"백인 선교사가 그들을 방문한다는 얘기를 듣자 모든 인디언은 그들의 얼굴을 색칠하고 가장 좋은 주술복$^{medicine\ clothes}$을 꺼내 입었다. 주술사는 그의 북을 꺼내 왔고 우리는 선교사를 맞을 준비를 했다."

"선교사의 모습이 보이자 주술사는 그의 북을 둥둥 치며 주술의 노래 중 하나를 부르기 시작했다. 그 노래는 백인의 주술과 위대한 영을 대표하는 방문자를 기쁘게 하기 위한 것이었다. 우리의 추장이 밖으로 나가 그를 맞아 악수를 한 후 우리의 사제인 주술사에게 안내했다."

"그들의 악수가 끝나자 선교사는 연설을 시작했다. 그는 우리 주술사가 쓸모없는 얘기를 하고 있다고 말했다. '나는 사람들이 이런 식의 단장을 하는 것을 바라지 않습니다. 나는 여러분이 얼굴의 칠을 씻어 내고 주술에 쓰이는 북을 치워 주셨으면 합니다. 하늘에는 오직 한 분의 신이 계실 뿐이고 저는 여러분에게 그 분에 관해 말씀드리러 온 것입니다.'"

"인디언은 누가 얘기를 할 때 설령 그가 하루 종일 얘기를 한다 해도 그 말을 자르는 법이 없다. 그것이 인디언 사이에서 내려오는 기본적 예의였다. 때문에 우리는 그 선교사가 자신의 신에 대해 얘기하는 동안 그의 주위에 서서 그의 얘기를 들어 주었다. 그의 연설은 길었다. 그는 인디언들은 그들의 무기를 내려놓고 이곳에 정착 하러 오는 백인들과 사이좋게 지내야 한다고 얘기했다."

"선교사가 말을 마치자 우리의 추장이 일어나 그에게 말했다. '당신은 우리에게 착하게 살라고 말했습니다. 우리 인디언은 나쁜 사람이 아닙니다. 당신들 백인은 어떤지 모르지만 우리 인디언은 그렇지 않습니다. 우리는 우리 밀들을 약탈당했을 때가 아니면 도둑질을 하지 않습니다. 우리는 거짓말을 하지 않습니다. 우리는 도움이 필요한 노인과 가난한 사람들을 돌보아 줍니다. 당신이 얘기해 준 것은 우리에게는 필요가 없는 것들입니다.'"

"선교사가 대답했다. '그러나 신은 오직 한 분이십니다. 당신들도 그분을 섬겨야 합니다.'"

"'그 말이 사실이라 해도 우리 인디언 역시 당신이 말하는 신과 똑같은 신을 섬기고 있다는 사실을 알아주셨으면 합니다. 위대한 영인 신께서 세상을 만드셨을 때 그분은 인디언에겐 인디언의 경배 방식을 백인에겐 백인의 경배 방식을 주셨습니다. 우리는 다른 종족이고 다른 삶의 방식을 가지고 있기 때문입니다. 인디언과 백인은 각자의 방식을 유지하되 반목할 게 아니라 신을 위해 협력해야 합니다. 우리는 당신들이 어떤 식으로 신을 섬겨야 한다고 얘기하지 않습니다. 우리는 당신들이 자신의 방식으로 신을 섬기는 것을 존중합니다.'"

"'그러나 당신들이 얘기하는 위대한 영은 우리가 섬기는 신과 같은 게 아닙니다.' 수도사가 다시 말했다."

"'그렇다면 두 분의 신이 있는 게 분명하군요. 당신들의 신은 저 '큰 물' 건너 먼 곳에 당신들을 위한 땅을 만들어 주었습니다. 그분은 당신들에게 살 집과 먹을 것과 타고 다닐 빠른 것들을 주셨습니다. 그분은 인디언들에겐 살 천막과 먹을 버팔로를 주셨습니다. 백인들은 신이 자신에게 준 땅을 좋아하지 않았습니다. 당신들은 인디언의 땅을 차지하기 위해 이곳에 왔습니다. 당신들이 그래 왔기에 우리가 당신들의 신을 받아들인다 해도 그 신이 우리가 죽고 우리의 터전이 당신들의 사냥터로 변하도록 모든 것을 빼앗아 가지 않으리라고 어떻게 믿을 수 있겠습니까?'"

"'그렇지만 인디언들은 기도하는 방법을 배워야 합니다.'"

"'우리도 기도합니다. 우리가 태양춤을 출 때 하는 기도를 말씀 드리겠습니다. '위대한 영이시여, 우리 아버지시여, 우리를 올바른 길로 인도해 주소서. 저와 제 가족과 우리 동족이 아버지의 길을 따라가고 그 속에서 우리의 몸과 마음이 건강하게 하소서. 세상을 평화롭게 하소서. 태양과 좋은 여름 날씨를 주신 것에 감사드립니다. 그리하여 짐승들이 먹을 풀과 인간이 먹을 양식이 풍성해질 것을 믿습니다.'"

인디언의
교의

어떤 선지자에 의해서인지는 알 수 없지만, 인디언들이 백인이 오기 전부터 우주의 창조자에 대한 인식을 가지고 영적이고 친절하고 진실된 종교 안에서 그분을 경배했다는 점은 분명하다

1. 만물의 창조자이며 통치자인 위대한 영이 있으며 우리는 그에 대해 책임이 있다. 그분은 영원하며, 눈에 보이지 않고, 전능하며, 형상화할 수 없다. 그분 안에서 그분을 통해서 모든 것은 살고 움직인다. 그분은 경배와 순종을 받

아 마땅하다. 모든 선한 것은 그분에게서 비롯한다. 우리는 그분에게 경외의 마음을 가지고 다가가야 한다. 그분의 은총은 기도와 희생과 선행을 통해 얻을 수 있다. 고행과 금식과 고독한 밤샘기도를 통해 그분에 대한 지식을 얻을 수 있고 그분의 이끄심이 온다. 그분은 비인격적이지만 때때로 동물과 새, 구름과 비, 산, 사람과 사물을 통해 영감을 주거나 몸소 들어오시기도 한다. 그분 아래에는 많은 작은 영들이 있다.

2. 이 대지에 태어난 인간의 가장 중요한 의무는 완전한 인간이 되는 것이다. 그 의무는 인간이 되기 위해 필요한 모든 부분과 능력을 발전시키는 것이고, 그 과정을 최대한 이성적으로 즐기는 것이다. 여기서 말하는 인간다움이란 육체적 방법, 정신적 방법, 영적 방법 그리고 봉사라는 방법을 통해 이룰 수 있다.

3. 고결한 인간다움을 획득하기 위해서 인간은 자신의 동족에게 봉사하는 데 전념해야 한다. 무엇보다 인간은 자신

의 가족을 잘 부양해야 하며 용감한 보호자가 되어야 한다. 친절하고 도움이 되는 이웃이 되어야 한다. 외부의 적으로부터 자신의 가족과 캠프 그리고 종족을 보호할 준비가 되어 있어야 한다.

4. 인간의 영혼은 영원불멸이다. 영혼이 어디에서 와서 어디로 가는지 인간은 알지 못한다. 그러나 죽음이 시간이 오면 인간은 자신이 다음 세상으로 간다는 사실을 기억해야 한다. 다음 세상에 어떤 삶이 그를 기다리고 있는지 인간은 알 수가 없다. 그렇다고 자신이 못 다한 일이나 하지 않았어야 할 일들 때문에 후회하거나 울 필요는 없으며 두려워하거나 떨면서 내세에 갈 필요도 없다. 그는 자신의 재능과 한계 안에서 최선을 다했으며 이승에서 그가 한 행위에 의해 내세의 삶이 결정될 것이라는 확신을 가지고 안심하면 된다. 그러니 그가 죽음의 노래를 부르게 하라. 집으로 돌아가는 영웅처럼 나아가게 하라.

12계율

1. 하나의 위대한 영이 있을 뿐이다.[9]

그분은 영원하며 전지전능하고 눈에 보이지 않는다. 그분은 언제 어디에나 존재한다. 그분을 경배하고 다른 사람의 경배를 존중하라. 누구도 전적으로 올바를 수는 없으므로 그분을 경배하는 모든 사람은 존중 받아 마땅하다.

---

9   아리안 족의 신앙에서 유래한 사탄, 대천사, 천사, 유령, 요정, 악귀, 귀신, 악마 등과 유사한 많은 하위 개념의 영들이 있을 수는 있다. 삼위일체나 원죄, 대속(代贖) 같은 개념은 인디언의 사상과 교리에서는 완전히 낯선 것이다.

2. 위대한 영의 형상을 만들거나, 그분을 볼 수 있는 존재로 그리지 말라.[10]

3. 명예를 건 약속을 지켜라.

위대한 영은 언제 어디에나 있으므로 거짓말은 언제나 수치스런 일이다. 위대한 영의 이름을 걸고 거짓 맹세를 하는 것은 죽을죄에 해당한다.

4. 축제일을 지키고 춤을 배우며 금기사항을 지키고 자기 부족의 관습을 준수하라.

그렇게 하면 자신이 속한 공동체의 훌륭한 일원이 될 것이고 공동체로부터 도움을 받을 수 있을 것이다. 그것들은 옛날부터 내려오는 조상의 지혜이기 때문이다.

---

[10] 그의 전령인 선더버드나 그의 상징인 뱀새(Bird-serpent), 또는 하위 영인 카치나스(Katchnas) 같은 것들의 형상을 만들 수는 있으나 위대한 영에 관한 것은 결코 만들 수 없다.

5. 부모와 그 윗세대를 공경하고 순종하라.

나이를 먹는다는 것은 지혜로워진다는 것이니 나이 든 사람을 공경하고 순종하라. 그들의 훈계는 너에게 도움이 되고자 하는 것이며 언제나 이득이 될 것이다.

6. 살인하지 마라.

고의로 자신의 동족을 죽이는 행위는 죽음에 해당하는 범죄다. 돌발적인 살인이라면 부족회의의 결정에 따라 죄질에 상응하는 처벌을 받게 될 것이다.

7. 자신이 속한 부족의 최고 기준에 부합하도록 생각과 행동을 정결하게 하라.

결혼 서약을 지킬 것이며 다른 사람이 그 서약을 깨뜨리지 않게 하라.

8. 도둑질 하지 말라.

9. 많은 재산을 탐내지 말라.

자신의 부족 중에 궁핍한 사람이 있는데 많은 재산을 가지는 것은 죄이며 창피한 일이다. 전쟁이나 교역을 통해 또는 위대한 영이 축복을 내려 자신이나 자신의 가족이 필요한 이상의 부를 갖게 되면 그는 사람들을 초대해 감사의 잔치를 열어야 한다. 그리고 남는 재물은 사람들의 필요에 따라 나눠 가져야 한다. 특히 과부나 고아, 의지처가 없는 사람들을 챙겨야 한다.

10. 독한 술을 입에 대지 마라.

독한 술은 사람의 기운을 빼앗아가고 현명한 사람을 바보로 만든다. 육체의 힘과 정신의 통찰력을 빼앗는 어떤 음식이나 음료도 입에 대지 마라.

11. 청결하라.

자신과 자신이 있는 자리를 청결하게 하라. 매일 아침 찬물로 목욕을 하고 필요하다면 한증막을 이용해 자신의 몸 상태를 완전하게 하라. 육체는 영혼을 위한 신성한 사원이기 때문이다.

12. 자신의 삶을 사랑하고 완벽하게 하라.

삶 속의 모든 것을 아름답게 하고 자신의 힘과 아름다움을 기뻐하라. 살아 있음을 기뻐하라. 오래 살아 자신의 동족에게 봉사하도록 애써라. 죽음의 순간에 부를 고귀한 죽음의 노래를 준비하라.

신비주의자와 주술사

투시력 - 초자연적인 통찰력 또는 일종의 천리안 - 은 인디언들 사이에서 광범위하게 인정받으며 연마되었다. 그들의 위대한 지도자들은 모두 신비주의자였다. 시팅 불이 훌륭한 예이다. 그는 보통 기도와 금식과 외로운 철야기도를 통해 무아지경에 들어갔고 통찰을 이끌어 내었다.

그는 관찰을 통해 술이 천리안의 가장 큰 적이라는 것을 깨닫고, 사람들에게 "술이 너의 통찰력을 빼앗아 갈 것이다."라고 끊임없이 경고했다.

오이예사는 다음과 같이 얘기했다.

"아메리카 인디언들이 일종의 초자연적인 능력을 길러 왔다는 것은 잘 알려진 사실이다. 물론 나중에는 많은 사기꾼이 나타나기도 했다. 인간 본성의 다양함과 나약함을 생각해 보면 예전에도 그런 사례가 없지는 않았을 것이다. 그럼에도 놀랄만한 예언과 신비한 일들이 실제로 증명된 경우도 있다."[11]

"나는 이런 예지적 현상들을 설명할 수는 없다. 그러나 나는 우리 종족이 집중력과 추상화라는 면에서 특별한 능력을 가지고 있다고 생각한다. 우리 종족이 가진 자연과의 친밀성이 보통 때는 감지되지 않는 느낌에 대한 정신적 민감성을 유지하게 하고 보이지 않는 힘과 접촉하게 한다는 생각을 한다."[12]

와바샤는 이런 얘기를 했다.

"마음을 청결하게 해서 위대한 영의 길을 좀 더 분명하게 보고자 한다면 자신의 체력에 따라 이틀 또는 그 이상 금식을 해야 한다. 그렇게 하면 육체는 정화되고 정신이 육체를

---

[11] "The Soul of the Indian", p.137
[12] 앞의 책 p.163

통제할 수 있게 될 것이다."

"기도와 금식 그리고 확고한 목표를 통해 자신의 정신을 다스릴 수 있게 되며 그렇게 해서 자신의 모든 것을 통제할 힘을 가지게 된다."

왜냐하면 몸은 영혼이 가시화된 것이기 때문에, 우리는 현재의 삶을 통해 다음 생에 우리의 것이 될 정신과 육체를 만들고 있는 것이다.

기도와 금식 그리고 숭고한 봉사를 통해 우리는 우리 존재의 자질을 높일 수 있다. 그렇게 함으로써 위대한 영의 목소리를 통한 완벽한 통찰력과 거대한 신비로움에 대한 지식을 가지고 다음 생으로 갈 수 있다.

"일종의 종교적 수련회라 할 수 있는 첫 함비데이hambeday는 젊은이의 삶에서 중요한 사건이다. 이 의례는 기독교인의 경험에서 회개나 개종에 비견할만한 의미를 가지고 있다. 그 때가 되면 우선 증기욕을 통해 몸을 청결하게 한 후 가능한 한 모든 인간적 육체적 접촉을 멀리한다. 그 후 그 젊은이는 주위에서 가장 전망이 좋은 높은 산으로 올라간다. 신은 물질적인 것에 아무런 가치도 두지 않는다는 걸 알기에 그림이나 담배 같은 상징물을 제외하면 어떤 제물도 가져가지 않는다. 가장 겸손하게 그분과 만나기 위해 모카신(북미 인디안이 신은 사슴가죽으로 만든 신)과 기저귀를 제외한 어떤 옷도 걸치지 않는다. 일출과 일몰의 경건한 시간이 되면 그는 자리를 잡고 대지의 영광을 내려다보며 '거대한 신비'와 마주한다. 그분의 힘을 이루는 요소들에 노출된 채 하루나 이틀 드물게는 그 이상 동안 발가벗은 채 선 자세로 침묵 속에 움직이지 않고 시간을 보낸다. 때때로 말없이 찬양의 노래를 부르기도 하고 의식을 위한 담배를 바치기도 한다. 이 신싱한 무아경 속에서 인디언의 신비주의적 본성은 최고의 행복과 자기 존재의 근원적 동인을 발견한다."[13]

---

13   앞의 책 pp.7~8

인디언의
침묵[14]

최초의 아메리카인들(인디언)은 자부심과 독특한 겸손함을 동시에 가지고 있었다. 영적 교만은 그들의 본성과 가르침에는 이질적인 것이었다. 그들은 말을 할 수 있는 능력이 말을 하지 못하는 생명들에 대한 우월함의 증거라고는 결코 생각하지 않았다. 어떤 면에선 위험한 선물이라고까지 생각하기도 했다. 그들은 침묵이야말로 완벽한 평정 상태라고 굳게 믿었다. 침묵은 몸과 마음과 정신의 완벽한 균형이었다.

---

14 앞의 책 pp.89~90

자아를 지키면서 삶의 폭풍 속에서 평정심을 유지하고 흔들리지 않는 - 비유하자면 나뭇잎 하나 흔들리지 않고 빛나는 연못 위에 잔물결 하나 일지 않는 - , 지식에 오염되지 않은 현자의 상태야말로 이상적 마음가짐이며 삶의 방식이라고 여겼다.

"침묵이란 무엇입니까?"하고 그에게 묻는다면 그는 이렇게 답할 것이다. "그것은 거대한 신비입니다. 성스러운 침묵은 그분의 목소리입니다!" 만일 당신이 '침묵을 통해 얻을 수 있는 것이 무엇입니까?'라고 물으면 그는 이렇게 답할 것이다. "자기 통제, 진정한 용기와 인내, 끈기, 기품 그리고 경외심입니다. 침묵은 한 인간의 성품을 형성하는 토대입니다."

옛 추장 와바샤는 말했다. "젊었을 때는 말을 삼가 하리. 그리하면 나이 들었을 때 동족에게 도움이 될 수 있는 성숙한 생각을 할 수 있을 것이다."

일상적 경배

수우족 출신인 오이예사는 이런 말을 했다. "인디언의 생활에는 꼭 지켜야 할 의무가 하나 있었다. 볼 수는 없지만 영원한 존재를 매일 느끼면서 기도하는 것이었다. 그들에게 매일하는 봉헌은 음식을 먹는 것보다 훨씬 중요한 일이었다. 그들은 동트기 전에 일어나 모카신을 신고 물가로 나간다. 한 움큼의 맑고 차가운 물을 얼굴에 뿌리거나 아예 몸 전체를 담그기도 한다. 목욕이 끝나면 지평선 위로 태양이 춤추듯 떠오르는 새벽을 똑바로 서서 맞이하며 소리 없는 기도를 드린다. 기도를 하는 동안 동료가 앞서거나 뒤따를 수는 있지만 동행을 하지는 않는다. 각자 혼자서 아침의 태양과 새롭게 눈 뜨는 대지와 위대한 침묵을 만나야 하는 것이다."[15]

다른 선지자들도 이런 말을 했다. "아침에 일어나면 아침 햇살에 감사하라. 너에게 생명과 활력을 주셨음에 감사하라. 음식을 주시고 삶의 기쁨을 주셨음에 감사하라. 가끔 감사드려야 할 일이 생각나지 않을 때면 너 자신에게 잘못이 있음을 깨닫고 쉬어라."

계속되는 일상에 대해 오이예사는 다음과 같이 덧붙인다.

"음식이 나올 때 인디언 여인은 손을 내려놓으며 감사의 말을 읊조린다. '영이시여, 함께 하소서!'라는 이 읊조림은 너무 나직하고 조심스러워 이 풍속에 익숙하지 않은 사람들은 알아채지 못하는 경우가 많다. 음식이 담긴 공기나 접시를 받은 남편 역시 영에게 바치는 기도를 읊조린다. 그가 노인이 되면 그 감사의 인사는 좀 더 분명해 진다. 그는 고기의 가장 맛있는 부분을 조금 떼어내 불 속에 던지는데 이는 불이야말로 가장 순수하고 신비로운 원소라고 믿기 때문이었

---

[15] 앞의 책 pp.45~46

다."[16]

부족회의가 열리면 자리의 정중앙에 불을 피워 둔다. 불은 위대한 영의 상징이며 그가 함께 하심을 증거하는 것이다.

그리고 나면 신성한 담뱃불을 붙인다. 이 담뱃불은 평화와 형제애, 부족회의와 기도의 상징으로 첫 번째 모금의 연기는 하늘에 계신 위대한 영에게 다음은 그의 전령인 네 방향의 바람 Four Winds과 우리에게 음식을 주시는 어머니 대지에 바쳐진다.

그 후 동쪽에서 서쪽으로 해가 이동하는 방향을 따라 참석자들이 담뱃대를 건네가며 담배를 피운다.

부족회의가 시작되면 추장이 일어나 담배를 피우며 "와칸 탄카, 와칸 나 카이 친, 찬디 에야 파야 오 Wakan Tanka Wakan na kay chin, Chandee eeya paya wo"라는 기도를 드린다. 그 의미는 "위대한 영이시여, 평화와 부족회의와 형제애의 상징인 이 담뱃불에 따라 당신께서 우리와 함께 하시고 축복해 주실 것을 믿습니다."이다.

---

16 앞의 책 pp.47~48

인디언의 기도문

1. 오 나의 아버지 위대한 영이시여, 여기 저의 기도를 바칩니다.
   저로 하여금 당신의 뜻하심과 이끄심을 알게 하소서.
   누군가 저를 증오할 때도 항상 관대할 수 있도록 도와주소서.
   저의 적이 약해지고 비틀거리면 그를 용서할 수 있도록 도와주소서.
   그가 항복하면, 약하고 도움이 필요한 형제를 돕듯 그를 도울 수 있도록 하소서.

2. 오 나의 아버지 위대한 영이시여, 제 마음 속 두려움이 사라

지게 도와주소서.

제 종족과 제 영혼의 신이시여, 무엇보다 제가 완전한 인간이 될 수 있게 하소서.

3. 오 신이시여, 제게 지혜의 길을 보여 주소서. 그리고 두려움 없이 그 길을 갈 수 있는 힘을 주소서.

4. 오 위대한 영이시여, 여기 저의 기도를 바치나이다. 두려움이 제 마음 속에 들어와 제가 가는 길을 이끌지 않도록 해 주소서.

5. 오 위대한 영이시여, 저로 하여금 제가 할 일을 감당하게 하소서.

제가 할 일을 잘 할 수 있도록 하시고 침묵해야 할 때를 놓치지 않게 하소서.

시련을 감당해야 할 때가 되면 훌륭한 짐승들의 본을 받아 불평하지 않고 홀로 그 시련을 견딜 수 있도록 해 주소서.

제가 이길 수 있다면 이기게 도와주소서. 그러나 간절히 바라옵건데, 승리가 제 몫이 아니라면 당당한 패자가 될 수 있도록 해 주소서.

오마하족의
기도

"와-콘-다 테 투 와파-틴 아-톤-헤.
(Wa-kon-da dhe dhu Wapa-dhin a-ton-he)"

이 말의 뜻은 다음과 같다. "아버지시여, 여기 당신 앞에 미약한 존재가 서 있습니다. 노래하는 제가 바로 그 사람입니다."

신에게 드리는 이 고귀한 기도는 콜럼버스가 이 땅에 오기 훨씬 전부터 미주리 강 인근에서 불렸던 노래이다. 이 기도는 오늘날 우리가 '우드크래프트 연맹Woodcraft Way'에서 행하는 것과 같은 방식의 음악과 가사 형태로 불려졌다.

　기도가 거행되는 동안 그들은 불 주위에 커다란 원을 만들어 서서 얼굴과 손을 하늘을 향해 올린다. 마지막 기도문을 부르고 나면 신의 상징물인 불을 향해 손을 내리고 머리를 숙인다. 그때 추장이 선언한다. "이로써 부족회의를 마친다."

티와라에 바치는 찬양

플레처가 기록한 포니족의 신에 대한 이 고결한 찬양은 다윗의 시편에 견줄 만하다.

신이시여, 들으소서!
저 높이 푸르고 고요한 하늘에 계신 전능한 분이시여!
저희는 여기 서서 당신의 명령을 기다립니다.
곡물의 어머니도 서서 기다립니다.
이곳에서 당신을 섬기려 기다립니다.
곡물의 어머니가 여기 서서 기다립니다.

신이시여, 들으소서!
저 높이 푸르고 고요한 하늘에 계신 전능한 분이시여!
저희는 당신이 계신 곳을 찾아서 날아가려 합니다.
곡물의 어머니도 당신에게 날아가려 합니다.
그 곳에 계신 당신을 찾아 위로 가려 합니다.
곡물의 어머니가 저 위로 날아가려 합니다.

신이시여, 들으소서!
저 높이 푸르고 고요한 하늘에 계신 전능한 분이시여!
저희는 당신의 아름다운 나라로 가려 합니다.
곡물의 어머니도 그곳에 가려 합니다.
저 위에 있는 당신의 나라로.
곡물의 어머니가 저 위 당신의 나라로 가려 합니다.

신이시여, 들으소서!
저 높이 푸르고 고요한 하늘에 계신 전능한 분이시여!
저희는 이 길을 따라 당신에게 가려 합니다.
곡물의 어머니도 당신이 계신 곳에 가려 합니다.

자신의 길을 따라 그 위로 가려 합니다.
곡물의 어머니가 당신에게 올라가려 합니다.

신이시여, 들으소서!
저 높이 푸르고 고요한 하늘에 계신 선능한 분이시여!
보소서! 저희는 여기 당신이 계신 곳에 서 있습니다.
곡물의 어머니도 이곳에 서 있습니다.
지도자로서.
곡물의 어머니는 이제 지도자가 되었습니다.

신이시여, 들으소서!
저 높이 푸르고 고요한 하늘에 계신 전능한 분이시여!
저희는 다시 내려가려 합니다.
곡물의 어머니가 저희를 이끌어 줍니다.
당신의 상징을 간직한 채.
곡물의 어머니가 힘차게 이끌어 줍니다.

장례와 죽음에 대한 믿음

장례의식과 죽은 자에 대한 존중 그리고 내세에 대한 믿음은 많은 부족의 관습 속에 자리 잡고 있다. 만단^{Mandan}족에 대해 얘기를 하면서 캐틀린은 다음과 같이 썼다.

"만단족의 마을에서 누군가가 죽으면 관례에 따른 추모와 애도가 유해에 표해 진다. 시신에 그의 옷 중 가장 좋은 옷을 입히고 얼굴에 색을 칠한 후 기름을 발라 준다. 관 속에는 활과 화살, 방패, 담뱃대와 담배, 칼과 부싯돌 그리고 그가 해야 할 여행 중 먹을 며칠분의 음식을 넣어 준다. 막 잡은 버팔로의 등에서 벗겨낸 신선한 가죽으로 몸을 감싼 후 생가죽

끈으로 머리에서 발끝까지 꽉 동여맨다. 그 후 다른 겉옷을 물에 담가 두었다가 그 옷이 아주 부드러워지면 같은 방식으로 시신에 동여맨다. 이 과정은 시신의 모든 부위에서 공기와의 접촉을 없애기 위한 것으로 매우 꼼꼼하고 조심스럽게 행해진다.

그 후 영결을 위한 비계가 만들어진다. 비계는 사람의 손이 닿는 높이 보다 조금 더 높게 세워진 네 개의 기둥 위에 만들어지는데 그 윗부분에는 기둥 사이를 가로 질러 작은 막대들이 놓이고 그 위를 다시 시신을 지탱할 수 있는 수의 버드나무 가지가 가로지르게 된다. 그 위에 시신이 놓이게 되는데 그 발은 떠오르는 태양을 향하게 한다.

어떤 여행자가 이 신성한 장소에 바쳐지는 존경심과 헌신에 주목한다면 그는 그의 남은 생애 동안 지속될 많은 도덕적 교훈을 이끌어 낼 수 있을 것이다. 그게 아니라도 최소한 효심이나 부부애, 부모로서의 사랑이 문명의 결과가 아니라 위대한 영이 인간에게 부여한 본성이라는 사실을 알게 될 것이다."[17]

휴이트 박사에 의하면 푸에블로족과 몇몇 다른 부족들은 시신에 이상할 정도로 무관심하다고 한다. 그들은 시신을 유족들을 편하게 해 주기 위해 처리해 줘야 할 텅 빈 껍데기로 생각한다는 것이다. 그 시신에서 나온 영혼은 내세로 가서 새롭고 더 좋은 몸을 만든다는 것이다.

---

17 "Manners, Customs, and Conditions of North American Indians', 1841, 1권 p.89

죽음의
노래

옛날 인디언들은 모두 자신의 마지막을 대비한 죽음의 노래를 가지고 있었다.

어떤 인디언 추장은 자신의 죽음의 노래는 자신들의 땅에서 침략자들을 몰아내려다 1862년 미네소타의 만카토에서 처형된 37명의 수우족 인디언 전사들의 것과 같다고 내게 말해 준 적이 있다. 그 노래는 이렇다.

나 차스카는 노래한다.
내 몸이 어느 곳에 묻힐지 나는 걱정하지 않으리

내 영혼은 계속 나아가리니.
내 몸이 어느 곳에 묻힐지 나는 걱정하지 않으리
내 영혼은 계속 나아가리니.

나니 챠띠^{Nanni Chaddi}와 4명의 아파치 전사들은, 나흘간의 굶주림과 목마름 그리고 사투 끝에 백인 군대에 쫓겨 동굴에 포위당했을 때 항복하기보다 마지막까지 싸우기로 결정한 후 신을 향해 노래를 바쳤다.

아버지시여, 이제 저희들은 죽으러 갑니다.
저희들을 위해서가 아니라
뒤에 남겨질 사람들 때문에 저희는 슬퍼합니다.
저희 마음속에 두려움이 들어오지 못하게 하소서.
이제 저희는 죽으러 갑니다.

노래를 마치고 난 후, 활과 창으로만 무장한 그들은 수백 정의 총구가 불을 뿜는 속으로 돌진해 들어갔다.

제3장

전통적
삶의 방식

가난한 사람을 위한 병원은 그들 사이에서는 무용지물이 될 것이다.
가난한 사람이 없기 때문이다.
가진 자들은 가지지 못한 자들에게 대단히 관대했고 모든 것을 같이 사용했다.
누군가 궁핍한 상태가 되면 그것은 마을 전체의 숙제가 되었다

Hallow horn bear

할로우 혼 베어

성공적
사회주의자

몇 년 전 캐나다 정부는 작은 섬에 살고자 하는 사람은 자기 땅이라는 권리를 주장할 수 없다는 법령을 만들었다. 그 이유는 한마디로 혼자 살기 원하는 사람은 좋은 시민이 될 수 없다는 것이었다.

좋은 시민에게는 그 자신을 위해서든, 일을 위해서든, 가족을 위해서든 가까이 사는 이웃이 필요하다는 얘기다.

사회성이 인간의 기본적 속성 중 하나라는 점은 모든 인디언 종족이 -심지어 유목 생활을 하는 사람들도- 이견 없이 인정 하는 것이다. 사회적 생활을 하는 능력을 키우는 것이야말로 미국에 사는 백인들이 애먹고 있는 여러 문제를 해결할 수 있는 방법일 것이다.

인디언들은 가장 좋은 의미에서 문자 그대로 사회주의자다. 백인 농부나 사냥꾼들은 자신의 농장이나 사냥터의 외딴 움막에서 혼자 지낸다. 인디언들은 항상 농족들과 마을을 이루고 산다. 그 마을이 버팔로 평원의 유목 종족이 사는 이동할 수 있는 것이든 푸에블로족, 만단족, 아니면 미주리강 상류에 사는 종족들 같이 농사를 짓는 종족의 것이든 마찬가지다.

인디언의 사회 체계는 모세에 의해 만들어진 체제와 매우 유사하다. 캐틀린은 인디언의 계명과 이스라엘인의 계명에 유사한 점이 많다고 말하면서, 그 예로 결혼 풍습, 환자를 다루는 방법, 장례 방법, 애도의 방법, 세정의 방식 등을 들었다. "축제와 금식과 희생이라는 면에서 그들은 고대 유대인과 매우 유사하다."

인디언의 문화가 가장 발전된 모습은 스페인인들이 발견했을 당시의 중남미 대륙에서 볼 수 있다.

머독 교수에 따르면[1], 페루에 있었던 잉카 문명은 공산주의적이며 그의 표현에 따르면 '국가 사회주의' 체제였다. 그 체제 내에서 약자나 환자나 나이 든 사람은 모두 적절한 보호를 받을 수 있었다.

"그 사회의 사회주의적 성격을 가장 극명하게 드러내는 부분은 무엇보다 분배의 방식에 있다. 그들은 재화의 자유로운 교환이 아닌 잉여 생산물을 국가의 감독 하에 주기적으로 배분하는 방식을 통해 생산과 소비의 균형을 이루었다."

"그 사회는 법과 질서를 유지하는 특별한 수단을 가지고 있었다. 그 법과 질서를 통해 국가 자원의 낭비를 막고 빈곤과 비자발적 실업의 위험에서 완전히 벗어날 수 있었다."

"모든 악의 근원인 탐욕은 애초에 설 자리가 없었다. 그들에게 화폐제도가 없었다는 점도 부분적 이유가 될 수 있지만, 보다 근본적으로는 과도한 소유에 대한 저항감을 전체 구성원이 가지고 있었다는 이유 때문이다. 전쟁이나 교역을 통해 어떤 사람이 많은 말이나 담요 또는 다른 재산을 얻게

---

[1] G. P. Murdoch, "The Organization of Inca Society', Scientific Monthly, 1934, pp.231~39

되면, 그는 축제나 파티를 열어 그에게 남는 것을 적게 가지고 있거나 하나도 가지지 못한 사람들에게 나누어 주는 것이 그 사회의 관례였다.

교역은 막대기나 유사 화폐를 통한 물물교환 방식으로 이루어졌니. 초원지역에서 가장 작은 단위는 화살로서 10센트의 가치가 있었다. 그 다음 비버가죽이 1달러, 버팔로 무릎덮개가 5달러 등이었다. 때때로 말이 다음 교환 물품이 되는데 그 가치는 버팔로 무릎덮개 두 장에 해당하는 것이었다. 이런 교환 가치는 지역에 따라 달라지곤 했다. 대서양 연안에서는 조개껍데기가 사용되기도 했다.

가치를 나타내는 구체적 품목들이 거론되기는 했지만 그것들은 어떤 가치를 표시하는 상징이었을 뿐 교역의 수단으로 만들어지지는 않았다. 대개의 교환은 즉석에서 이루어졌다. 따라서 사용한 막대기나 유사화폐를 모아두는 일은 당연히 없었다.

기본적
법률

    누구도 자신의 땅을 소유하지 않는다. 땅은 부족에 속하는 것이고 다른 부족이 빼앗아 가지 못하도록 지켜야 한다. 개인은 자신의 집을 지을 만큼 그리고 그가 경작할 농토만큼의 땅만 소유한다. 그 사람이 경작이나 점유를 그만두게 되면 땅은 다시 부족에게 구속되고 다른 사람에게 할당된다.

    누구도 숲의 나무, 강물 또는 대지의 어떤 부분을 자기 것으로 할 수 없다. 그것들은 그가 만든 것이 아니며 모든 부족민에 속한 대지의 수확물일 뿐이다. 따라서 자신의 손으로 거둔 만큼만 자신의 것이며 그의 집에서 쓸 수 있는 것이다.

야생 식물에도 똑같은 규칙이 적용된다. 단 야생 벼와 같은 마초(馬草)는 그 곡식을 수확하기 전에 적당한 정도 경계를 표시함으로써 소유권을 주장할 수는 있다. 그러나 이 경우에도 원로회의High Council에서 그의 주장이 정당한지 판단하게 된다.

누군가 땔감 더미나 버팔로의 마른 똥과 같은 연료나 진흙, 돌, 나무토막, 버드나무 가지 같은 것들을 모아서 거기에다 자신의 것이라는 표시를 남겨 두면 다른 사람은 그 계절이 끝날 때까지 건드릴 수 없게 된다. 계절이 끝나면 그것들은 부족의 공유물이 된다.

누구도 자신만의 사냥감이나 야생동물에 대한 소유권을 가질 수 없다. 그것들은 부족의 땅에서 나오는 것이기 때문이다. 자신의 손으로 잡은 것들에 대해서만 적법하게 소유할 수 있다. 드문 예이긴 하지만 한정된 지역 내에서 독수리를 잡을 수 있는 독점권이 주어지기도 한다.

자연의 풍요로운 혜택 속에서 현대인이 겪는 궁핍에 대한 두려움에서 자유로울 수 있었지만, 옛날 인디언들은 그들의 자원을 낭비하지 않았다. 허기를 채울 수 있는 양만큼만 열매를 따고 식용 식물의 가지나 덤불을 손상시키는 일이 없도록 최대한 조심했다. 그들은 자신이나 자신의 부족에서 필요한 만큼만 사냥을 했으며 사냥물의 모든 부위를 먹었다. 불을 피울 때는 필요한 양만큼만 연료를 쓰고 그 자리를 떠날 때는 조심스럽게 불을 껐다.

부족 안에서 행해지는 모든 행위는 전체 부족의 이익을 위해서 조절되었다.

부족이 어떤 가족에게 일정한 영역 내에서 사냥을 하거나 나무나 가축 먹이, 야생 열매를 채집할 수 있는 배타적 권리를 줄 때도 있다. 그 가족은 이 권리를 팔 수 없을 뿐 아니라 사냥이나 채집을 위해 다른 사람을 고용하면 안 된다. 지나친 사냥으로 자원이 고갈되는 걸 막기 위한 조치였다.

누군가 자신의 영역 내에서 사냥감을 찾아냈다 해도, 그는 자신이 필요로 하고 쓸 수 있는 만큼만 자신의 힘으로 취할 수 있었다. 죽이고 낭비하는 사악한 즐거움을 위해 사냥을 하지는 않았다.

덫을 놓거나 비버의 서식지를 급습할 때도 모든 비버를 다 잡지는 않았다. 최소한 한 쌍의 비버를 연못에 남겨두었다. 그리고 비버가 다시 그 지역에서 살아갈 수 있도록 비버가 만들어 놓은 둑이나 서식처를 남겨 두었다.

눈이 많이 내렸을 때 사슴 서식지에서 사슴을 발견해도 자신과 동족이 쓸 수 있는 한도 내에서 사냥을 해야 했다. 너무 많이 죽여 낭비하는 것은 수지스러운 일이었다. 그런 죄를 지으면 언젠가 굶주리는 벌을 받게 될 것이라 믿었다.

풀들이 건조해진 봄이나 가을에 대평원에서 불을 피우는 것은 허용된다. 피해가 크지 않을뿐더러 얼마 지나지 않아 복원될 수 있기 때문이다. 그러나 숲에서 불을 피우는 것은 시기를 막론하고 허용되지 않는다. 숲에서 불이 나는 것은 그 속에 사는 생명들에게 엄청나고 지속적인 재앙이며 인간이나 짐승이나 그 피해를 회복할 수 없기 때문이다.

모든 인간은 자유롭고 평등하며 자신의 방식으로 행복을 추구할 권리를 가진다. 다만 다른 사람의 동일한 권리를 해칠 수는 없다.

모든 인간은 다른 사람이 소중하게 생각하는 바를, 그가 이해 할 수 있든 아니든, 존중해야 한다.

병들고 곤경에 처하거나 나이 들어 쇠약해진 사람은 누구나 부족의 보호를 받을 권리가 있다. 그 사람도 젊고 힘 있을 때 공동의 이익을 위해 기여했기 때문이다.

결혼과
이혼

　모든 남자와 여자는 때가 되면 결혼을 하는 것으로 여겨졌다. 독신은 창피하고 뭔가 잘못된 일이었다. 결혼은 전체 부족 간에 이루어졌으며 같은 혈족 내에서는 금지되었다.

　결혼을 하는데 특별한 의식은 없었다. 어떤 남자가 어떤 여자와의 결혼을 원하고 그 여자가 승낙을 표하면 그 남자는 여자의 부모에게 자신의 재산 중 일부분을 보냈다. 이는 아내를 사온다는 의미가 아니라 그녀의 노동력을 상실하는 데 대한 보상의 성격이었다.

　인디언의 결혼은 상호 동의하에 또는 불행, 부정, 불임이라는 세 가지 이유로 언제든 깰 수 있는 민사상 계약이었다. 이혼은 모세의 율법과 같은 근거에 의해 허용되었다. 남자가 남편으로서의 자격이 없거나, 아이를 갖지 못하거나, 불화가 깊어지면 그들은 쉽게 헤어질 수 있었다. 자유롭게 된 두 사람은 다시 결혼을 할 수 있었다. 불화의 해결책을 쉽게 찾을 수 있었기 때문에 불륜은 드물었다.

아이들

모든 아이는 집과 음식과 양육과 교육의 권리를 가졌다. 만일 그 아이에게 친족이 없으면 부족이 그 아이를 맡는 것은 당연한 일이었다.

인디언 사회에 사생아는 없었다. 아이의 부모가 결혼하지 않았다고 해서 그 아이가 사회적 지위나 법적 권리를 뺏기는 경우는 없었다. 모든 아이는 적자였다. 결혼하지 않은 여자가 아이를 낳더라도 아이에게 집을 제공하고 양부가 되어줄 사람은 항상 있었다.

인디언 부모의 아이에 대한 자상함은 잘 알려져 있다. 많은 선지자가 다음과 같은 말을 했다. "어떤 아이가 버릇없이 제멋대로 굴며 반항적이거나 무례하다 해도 아이를 때리지 마라. 야만인이나 겁쟁이만이 힘없는 아이를 때리는 것이다." 그럴 경우 친구들과의 놀이에 끼지 못하게 하거나 아이가 자신의 잘못을 알게 될 때까지 밥을 주지 않음으로써 훈육하면 된다. 무리에서 소외된다는 슬픔이 아이를 빠르게 훈육시키고 순종적으로 만들 것이다. 반면 매질은 자신을 괴롭힌 사람에 대한 평생 동안 지속될 증오와 분노를 만들 뿐이다.

북아메리카 인디언들은 자신의 자식들뿐 아니라 모두 아이들을 귀여워했다. 그들은 자신의 원칙에 따라 조심스럽게 가르치고 자기 종족의 격언과 관습에 따라 세심하게 훈련시켰다. 그들의 교육은 주로 사례를 통해 조상의 역사를 기억시키는 방식이었다.

"아이가 잘못된 행동을 하면 부모들은 꾸짖고 충고를 해주기는 하지만 결코 때리지는 않았다."[2]

아이들에 대한 사랑은 인디언의 가장 큰 특징 중 하나다.

---

[2] John Halkett, 'Indians of North America', 1825, p.23

나는 인디언 아이가 맞는 것을 본 적이 없으며 버릇없는 인디언 아이도 본 적이 없다.

    아이들은 사춘기가 될 때까지 엄마의 영향력 아래에 있었다.

여성의 지위

인디언 여성들은 유럽에서 여성들이 참정권을 갖기 이전부터 투표권을 가지고 있었다. 그들은 부족의 모든 일에 발언권을 가지고 있었고 추장이 될 수도 있었다. 여자가 추장인 부족도 여럿 있었다. 그들이 속한 부족에 따라 그들은 세이쳄Sachems, 로웨이너Rowainers, 무지개여인Rainbow Women 등으로 불리었다.

대부분의 부족에서 아내는 집과 자녀 그리고 집에 있는 모든 것들의 소유자였다. 남편은 말과 가축, 곡물과 자신의 손으로 생산하거나 획득한 것을 가질 수 있었다.

그러나 사냥감을 잡거나 곡물을 수확해서 집으로 가져오면 그것은 아내의 것이 되었다.

순결

"인디언에게 완벽한 순결은 예외 없는 원칙이었다. 남편들은 그 원칙을 중시해서 자신의 아내가 그 원칙을 어기면 아내를 죽일 수 있었고, 다른 사람들은 그 행위를 인정해 주었다. 부정한 행위는 용서받지 못할 죄였다."[3]

1766년에서 1769년까지 수우족 사이를 여행한 조너던 카버는 이렇게 말했다. "간음은 가증스런 죄로 여겨졌고 가장 엄격한 벌을 받았다."[4]

---

[3] John James, 'My Experience with Indians', 1925, pp.64~65
[4] Jonathan Carver, 'Travels', 1796, p.245

인디언 전사인 R. I. 다지 대령은 이렇게 말했다. "샤이엔족의 여자들은 수줍고 정숙했다. 다른 어떤 나라나 민족의 여인들보다 순결하다고 할 수 있을 것이다. 순수함과 순결함의 모범이라고 할 수 있을 정도다."[5]

세임스 맥로린 소령은 "수우족은 처녀의 순결을 무엇보다 성스러운 것으로 생각한다."[6]고 말했다.

이런 엄격한 잣대는 수우족이나 샤이엔족 같은 큰 부족들 모두가 가지고 있었다. 이들 부족에서는 특별한 때에 처녀들의 춤을 추는 관습이 있었다. 오직 처녀들만이 그 춤에 참여할 수 있었다. 참석자의 자격에 대한 이의제기는 누구라도 자유롭게 할 수 있었지만, 그 사람은 자신의 주장에 대한 확실한 증거를 준비해야 했다. 모함은 매우 엄하게 처벌 받아서 심지어는 죽임을 당하기도 했다.

다른 부족들 중에는 좀 더 관대한 생각을 가진 경우가 많았다. 그러나 이들 부족 사이에서도 순결은 중요한 가치를 가지고 있었다. 순결의 계율을 어긴 여자는 그녀와 결혼한

---

[5] 'Hunting~grounds of Great west', 1883, p.302
[6] 'My Friend the Indian', p.74

남자에게 진실하지 못 할 가능성이 많다는 이유로 낮은 평가를 받았다. 그렇다고 공공연하게 멸시하는 일은 없었다. 백인여자가 술을 좀 많이 마신다고 쫓겨나지는 않는 것처럼 순결하지 못한 여자라고 범죄자 취급을 받지는 않았다.

선교사들이 본 인디언

 오지브웨이 부족에게 선교하러 갔던 C. 밴 두슨은 이렇게 말했다. "완벽한 위엄을 가진 인디언의 품성은 존경스럽고 매력적이다. 다른 사람들의 악행에 오염되기 전 – 특히 사악한 백인들에게 영향을 받아 타락하기 전 – 진짜 북미 인디언들은 지구상에서 볼 수 있는 자연 상태의 가장 숭고한 종족이었다."[7]

 미네소타의 헨리 벤자민 위플 주교는 평생 동안의 교류를

---

7 'The Indian Chief', 1867, p.1

통해 많은 지식을 얻은 후, 야생의 인디언에 대해 다음과 같이 요약해서 말했다. "북미 인디언은 지상의 이교도 중 가장 고귀한 종족이다. 그들은 위대한 영을 알고 있었으며 그 존재의 영생불멸을 믿었다. 그들은 영민한 지성을 가지고 있었고, 명석한 사고를 했다. 그들은 겁이 없고 용감했으며 자신의 종교적 맹세에 충실했다. 그들은 아이들을 열정적으로 사랑했고 자신의 동족을 위해 기꺼이 목숨을 던졌다. 우리가 치른 가장 끔찍한 전쟁은 백인들의 친구였던 고귀한 인디언들과의 전쟁이었다. 니콜은 수우족은 그가 보아 온 야만인 중 최고의 인간들이었다고 말했다."[8]

예수회 사람들은 이로쿼이족에 대해 1636년 다음과 같이 증언했다. "가난한 사람을 위한 병원은 그들 사이에서는 무용지물이 될 것이다. 가난한 사람이 없기 때문이다. 가진 자들은 가지지 못한 자들에게 대단히 관대했고 모든 것을 같이 사용했다. 누군가 궁핍한 상태가 되면 그것은 마을 전체의 숙제가 되었다."[9]

---

[8] Helen Hunt Jackson, 'A Century of Dishonor', 1909, p.7
[9] 같은 책, p.379

제롬 레르망 신부는 휴런족에 관해 다음과 같이 말했다. "사실 그들의 관습은 많은 부분 야만적이다. 그러나 그들 사이에서 악행으로 간주되어 사람들의 비난을 받는 일조차 프랑스와 비교해보면 그 무법성이 미미하다는 것을 알게 된다. 벌 받을 짓을 했다는 수치감 자체가 범법자에 대한 치벌이었다."[10]

예수회 신부인 J. F. 라파타우의 증언은 훨씬 더 강력하다. "그들은 숭고한 정신과 자부심을 가지고 있었다. 어떤 시련에라도 맞설 용기와 용맹함, 고통을 견디는 영웅적 인내심, 불행이나 역경에도 흔들리지 않는 평정심을 가지고 있었다. 부족민들끼리는 꾸밈없는 친절과 배려를 베풀었고 나이든 사람을 대단히 존중했다. 서로 간에 대한 배려는 그들이 최고의 가치로 추구하는 자유나 자립과는 상충되는 게 아닐까 싶을 정도였다."[11]

---

10 'Relation des jésuites', 1644~5, 28권, p.63
11 'Moeurs des sauvages américains', 1724, 1권, p.106

"지나친 열정에 빠지는 일이 없었고, 명예로움과 영혼의 위대함을 추구하면서 수련을 하는 것처럼 보였다."[12]

나는 1912년 여름, 노스다코다 주의 포트 예이트에 있는 스탠딩 록에서 예수교의 선교사였던 A. M. 비데 신부를 만났다. 그는 25년 전 열성적인 젊은 신앙인으로 그곳에 왔었다. 그는 선교사로서 자신의 소명은 인디언들을 자신이 믿는 기독교 교파로 개종시키는 것이라고 확신하고 있었다. 진지하고 헌신적인 선교사들이 하는 것처럼 그 역시 자신이 선교하려는 종족의 언어를 배우고 그들의 사상을 공부하는 일부터 시작했다.

내가 그를 처음 만나기 이전부터 그는 인디언을 '미개한 이교도'라고 부르지 않고 있었다. 그는 인디언들이 고귀한 품성을 가진 종족이며 높은 종교적 윤리적 기준을 가진 사람들이라고 인정하고 있었다.

그는 수우족의 종교적 제단Medicine Lodge이야말로 "진정한 하느님의 교회이며 우리에게 그것을 짓밟을 권리는 없다."고

---

12 같은 책, pp.105~6

애기했다.

1927년, 내가 10여명의 제자들과 함께 스탠딩 룩을 찾았을 때 내가 찾던 비데 신부는 그곳에 없었다. 대신 나는 '변호사 비데'를 만날 수 있었고 숭고하고 진실한 중재자로 살아가는 애기를 들을 수 있었다.

"네, 저는 수우족이 참된 유일신을 섬기는 사람들이며 그들의 종교가 진리와 사랑의 종교라는 사실을 알게 되었습니다. 그들에게 선교사는 필요하지 않습니다. 차라리 법정에서 그들을 변호해 줄 법률가가 필요하죠."

"때문에 저는 선교사라는 직업을 버리고 법률을 공부했습니다. 몇 년 후 저는 노스다코타 주의 변호사가 되었고 지금은 법정에서 다뤄지는 모든 인디언 관련 사건들의 공식적인 상임 변호사가 되었습니다."

"물론 선교사들은 제 성직을 박탈했습니다. 다른 인디언 대리인들은 저를 미워하기도 합니다. 인디언들은 제게 변론비로 적은 금액만 주거나 아예 주지 않아도 됩니다. 저는 제가 직접 지은 작은 오두막에서 스스로 끼니를 해결하며 지내고 있습니다."

"저는 이 고매하고 핍박받는 종족을 위해 제 남은 시간과 힘을 바칠 수 있음에 감사드리고 있습니다."

군인들이 본
인디언

 라피타우 전투가 끝난 지 한참이 지난 후에 모간 판사는 그의 저서 〈이로쿼이 연맹〉에서 다음과 같이 말했다. "법률적 측면이든, 설득력이란 측면이든, 용기나 군사적 능력이든 이로쿼이족을 능가할 자는 없었다."

 "그들 사회에서 범죄 행위는 매우 희귀한 일이라서 이로쿼이족에게 형벌은 거의 존재하지 않았다고 말할 수 있다."

 "어떤 경우든 어떤 희생을 치르더라도 이로쿼이족은 두려움이나 망설임 없이 진실만을 얘기했다."

 "인디언만큼 관대한 사람도 드물 것이다. 그들은 종교적 행사나 전쟁 의식, 잔치나 축제 그리고 장례식에서 과부나 고아 가난한 사람이나 허약한 사람을 항상 고려했다. 단순히 생각만 해 주는 게 아니라 그들이 필요로 하는 것을 제공해 주었다."

"나는 백인들이 마지막 빵조각과 두어 모금 분량의 담배 그리고 날것 상태의 말고기 이상은 기대할 수 없는 곤경에 처한 것을 본 적이 있다. 누군가는 딱딱한 빵의 일부를 숨겼고 누군가는 몰래 담배를 피웠다. 백인들과의 접촉을 통해 타락하기 전의 인디언이라면, 비슷한 상황에 처했을 때 최후의 한 모금까지 나눠 피웠을 것이다."

"아무리 먹을 게 궁한 상황이라 해도 집안에 먹을 게 조금이라도 남아 있다면 손님에게 싫은 기색 없이 그의 몫을 내어 주었다."

존 G. 부커 대위는 그의 생애 대부분을 인디언과의 전장에서 보낸 사람이다. 그는 인디언을 증오하도록 훈련받고 인디언 섬멸 작전의 공포를 겪었지만, 결국 다음과 같은 사실을 인정했다.

"아메리카 인디언들은 독수리처럼 자유로운 존재였다. 그들은 구속을 참지 못했으며 불의를 묵과하지 않았다. 그에게 부과된 제약은 전체의 이익과 부합되어야 했고 그 제약을 요구하는 조직은 친절하고 관대하며 정의로운 것이어야 했다. 적당한 타협은 용납되지 않았다. 아메리카 인디언들은 거짓말쟁이를 경멸했다. 그들은 유한한 존재들 중 가장 관대한 존재였다. 그들의 모든 축제에서 과부나 고아는 가장 먼저 고려되어야 할 존재였다."[13]

1915년 12월 15일, 나는 워싱턴 D. C.에서 버팔로 빌과 함께 저녁을 먹었다. 우리의 마지막 만남이었던 그 자리에서 그가 한 마지막 말은 내게 깊은 인상을 남겼다. 우리는 인디언에 관한 얘기를 하고 있었는데 그는 내게 이렇게 말했다. "나는 단 한 번도 인디언 원정대의 앞잡이가 된 적은 없다. 그러나 나는 나 자신과 우리 정부와 우리 국가에 대해 부끄러움을 느낀다. 그들이 항상 옳았고 우리가 글렀기 때문이다. 그들은 협정을 한 번도 어긴 적이 없지만 우리는 한 번도 지킨 적이 없다."

---

13 John G. Bourke, 'On the Border with Crook', 1892, p.226

1935년 2월 8일, 애리조나 주의 더글라스에서 나는 닐 에릭슨을 만났다. 그는 빅토리오와 제로니모를 상대한 크룩 장군과 마일즈 장군의 두 원정대에 대원으로 참가했었다. 예전 일들을 얘기해 준 후 그는 이렇게 덧붙였다. "만일 내가 인디언에 대해 지금 아는 것을 그때도 알고 있었다면 나는 미국 군대를 떠나 아파치족에 합류했을 것이다."

N. A. 마일즈 장군 역시 인디언에 대해 다음과 같은 말을 했다. "인디언들은 지금까지 존재했던 가장 영웅적 종족이다."

우리의 현자들이 본
인디언

에드가 L. 휴이트 박사는 여러 차례에 걸쳐 공개적으로 다음과 같은 말을 했다.[14]

"인디언들이 우리의 문명보다 우월한 문명을 만들었다는 사실은 의심의 여지가 없다. 단지 그들은 철을 사용하는 데 능숙하지 못했을 뿐이다." 이런 생각은 그의 저서 곳곳에 상세하게 표현되어 있다. 그 책의 31페이지에서 그는 이렇게 적어 놓았다. "미학적 측면, 윤리적 측면 그리고 사회 문화적

---

14 'Ancient Life in the American Southwest', 1930

측면에서 인디언들은 그들의 정복자들보다 앞서 있었다." 42페이지에는 이런 내용도 있다. "인디언들이 유럽의 정부 형태와는 전혀 다르면서도 훨씬 효율적인 조직을 발전시켜 왔다는 사실은 인정해야 할 일이다. 종족민의 복지가 그들 조직의 최고 목적이었다."

사우스웨스턴 대학에서 인디언의 삶에 대해 깊이 연구한 C. A. 니콜 교수는 초기 인디언 문명의 파괴에 대한 언급을 하면서 내게 슬픈 어조로 말했다. "전체적인 면에서 우리보다 더 나은 사람들을 배출해 왔던 문명을 우리가 파괴한 것은 아닌가 두렵습니다."(1911년 11월 1일)

이들 군인들과 여행가들은 다수 의견에 반대하는 발언을 하는 사람들은 아니었지만 인디언들에 대해 다음과 같은 찬사를 바친다. 인디언들은 삶과 종교의 자유를 누리는 가운데 용감하고 청결하며 친절하고 경건하면서 신실한 사람들이었다. 그들은 온화하되 비굴하지 않았고 탐욕스럽지 않았으며 위엄이 있었고 용감하고 정직한, 한마디로 고결한 영혼의 소유자들이었다. 그들의 육체는 지금까지 존재했던 인간들 중 가장 발달된 것이었다.

마법은 범죄

마법에 대한 믿음은 인디언들 사이에 광범위하게 퍼져 있었다. 마법에 대한 그들의 생각이나 태도는 모세가 얘기한 것과 유사하다. 이 문제는 애매하고 복잡하다. 마술이란 정신력이 강한 사람이 약한 사람에게 거는 최면의 일종이라고 믿는 사람이 적지 않다. 노쇠한 할머니가 이런 힘을 가질 가능성을 희박해 보이기 때문이다.

이 주제는 자세히 논의되거나 규명된 적이 없다. '부당한 영향'을 받았다는 법적 이의 제기도 이런 맥락에서 취급되었다.

주술사

주술사^{Medicine Men} 또는 샤먼들은 현자들이면서 의사였다. 그들은 약을 쓰는 것 외에 외과적 치료 행위도 해야 했는데 이에 대한 지식은 피상적이고 경험에 의존한 것이 대부분이었다. 인디언의 삶의 방식이 대부분 그러하듯 그들의 치료 행위는 정신적 접근이 주를 이뤘다.

인디언들은 우리와 같은 현대 과학의 생화학적 지식은 없었다. 그러나 마사지, 한증 목욕, 진흙 목욕, 온천욕, 훈증, 일광욕, 삼림욕 그리고 신앙 요법 등의 방법을 알고 있었고 이를 활용했다. 무엇보다 그들은 신비한 효능을 가진 식물에 대해 많은 것을 알고 있었다. 그 지식들이 사라져가고 있음은 애석한 일이다. 그나마 독사에게 물렸을 때 쓰는 특효약 같은 몇몇 사례는 아직 전해지고 있다.

우리가 코카인, 키니네, 카스카라, 토근, 토루, 콜라 등의 식물을 알게 되고 치료제에 사용할 수 있게 된 것은 고대 페루인들 덕분이다.

범죄에 대한 처벌

　인디언들은 그들의 법을 성문화 시키거나 법전으로 만들지 않았다. 그들의 법은 전통으로 내려온 불문율이었으며 위법에 대한 처벌은 추장과 최고회의의 논의를 거치거나 때로는 추장 한 사람의 판단에 따라 내려졌다. 가끔 피해자가 직접 제재를 가하기도 했다.
　어떤 경우든 여론이 범죄에 대한 판단을 내리는데 가장 중요한 영향을 끼쳤다. 죄를 저지른 사람이 보상을 해 줘야 하는 방식이 많았고 신체적 제제가 가해지는 경우는 드물었다. 그러나 드물게 사형이나 추방이 결정되기도 했다.

치안 요원 Dog Soldiers

대평원 지역의 부족들은 치안 요원을 위한 초소가 있었다. 그들은 일종의 경찰이었다. 그들은 추장의 명령을 받았으며 '똑바로 걷겠다'는 서약을 했는데, 개인적 이해관계를 떠나 추장의 명령에 따르겠다는 의사의 표현이었다.

고문과
가죽 벗기기

역사에 기록된 가장 잔인한 사람들은 중세 기독교인들이었다. 교회의 지도자였던 한 악명 높은 설교가는 자신의 경쟁 상대를 함정에 빠뜨려 잡은 후 산 채로 불태웠는데, 고통이 오래가도록 하기 위해 일부러 생나무를 사용하기도 했다.

유럽 고문기술자들의 악마적 잔인함은 화형에 그치지 않고 시간을 두고 서서히 사지를 절단하는 방식까지 사용되었다. 정신적 고통을 주는 방식도 병행되었는데, 수주 혹은 수개월 간 공포심이 지속되도록 실행되었다. 종교재판소의 공식기록은 종교적 신념이 다르다는 이유로 30만 명을 생매장

했다는 기록을 자랑스럽게 밝히고 있다.

믿을만한 모든 역사적 자료는 인디언들이 근본적으로 가장 친절한 종족이며, 백인 침략자들이 그 방식을 들여와 널리 퍼뜨리기 전까지 고문이란 방법을 모르고 있었다는 사실을 증명하고 있다. 우리는 이 방법들이 뉴잉글랜드 지역에서는 기독교 순회 신부들에 의해, 멕시코에서는 스페인 기독교인들에 의해 전파된 것이라는 명백한 기록을 가지고 있다.

물론 그 전에도 이로쿼이족이나 휴런족, 아나키족 등에서 전쟁포로에 대해 고문이 자행되었다는 것은 분명한 사실이다. 그 대상은 그들에게 괴멸적 패배를 안겨 주었던 악명 높은 적이거나 그 자신이 그런 방식을 요구한 사람이었다. 후자의 경우 자신의 꺾이지 않는 저항 정신을 끝까지 보여 주기 위한 선택이었다.

반면 유럽의 기독교 국가에서는 모든 감옥에서 고문이 자행되었다.

1812년의 전쟁 중 프록토 장군 휘하의 영국군과 웨인 장군 휘하의 미국군 양쪽 모두에서 관례대로 죄수에게 고문이 행해지고 있었다. 그러나 영국군에서는 위대한 인디언 테쿰세에 의해 고문이 중지되었다. 그는 힘없는 포로에게 고문을 하는 사람은 겁쟁이라고 비난했다. 프록토 장군은 그것은 관례이며 병사들에게 쾌감을 주는 일이기도 하다고 항변했다. 테쿰세는 남자 대 남자로서 목숨을 걸고 결투를 하자고 제안했지만 프록토는 그 대결을 회피했다.

전투에서 죽은 전사의 가죽을 벗기는 것은 많은 부족에서 관습화 되어 있었다. 그러나 백인들이 승리를 오랫동안 즐기기 위해 죽은 사람의 머리를 막대에 꿰어 달아 놓는 풍습과 비교하면 이 방식은 훨씬 청결하고 나은 방식이다.

인디언과의 전쟁 중 백인들 역시 인디언 못지 않게 많은 인디언의 가죽을 벗겼다는 것은 익히 알려진 사실이지만, 우리의 교과서에는 빠져 있다.

메사추세츠 지역의 인디언에게 가죽을 벗기는 행위를 가르쳐 준 사람은 청교도 순회 신부들이었다.

제 **4** 장

열매로써 그들이 어떤지를 알 수 있다

생존경쟁을 통해 약하고 느리고 어리석은 요소들을 제거해 오면서
그들은 완벽한 육체를 가진 종족이 되었고,
정신적으로도 외부 요인이 개입하지만 않는다면
그들이 맞닥뜨리는 모든 문제에 대처할 수 있게 되었다.

러닝 앤트로프

육체적 능력

　인디언에 대해 적대적이든 우호적이든, 모든 역사학자들은 인디언들이 우리가 알고 있는 인간 중에 가장 멋진 육체를 가진 종족이라는 데 동의한다. 백인들 중에서는 고르고 골라 훈련된 사람들만이 그들과 견줄 수 있을 뿐이었다.

　삶이나 사상에 접근하는 인디언의 모든 방식은 영적이었다. 자신의 종족인 다코다^{Dakota}족의 종교에 관한 오이예사의 설명에 육체와 정신의 상호의존성에 대한 그들의 생각이 잘 요약되어 있다. "인간은 유연하고, 균형 잡히고, 우아하면서 강인한 육체의 완벽함을 가질 때 도덕적 삶의 기초를 다지는 셈이다. 어떤 사람이 청소년기를 지나서도 영혼의 건전한 거푸집을 유지하고자 한다면 감각적 쾌락에의 탐닉을 자제해야 한다. 이런 진리에 입각해 인디언은 육체적 훈련에 관한 엄격한 체계를 만들었다. 이 체계는 사회적, 도덕적 강령으로 그들 삶의 규범이 되었다."

"인디언들은 어린 시절부터 대단히 높은 수준의 남성적 강인함과 육체적 아름다움을 기르도록 요구받았다. 그런 이상을 달성하기 위해서는 혹독하고 지속적인 훈련과 더불어 음식이나 성관계의 엄격한 절제가 요구되었다. 그들은 세대를 이어주는 가치 있는 존재가 되길 원했다. 오랫동안 선조들이 수많은 극기의 대가로 유지해 온 활력과 순수한 혈통이 자신의 나약함으로 인해 훼손되지 않기를 바랐다."

"그들은 종종 짧은 기간 동안 단식을 했고, 강도 높은 달리기나 수영, 증기욕을 통해 남는 에너지를 발산시켰다. 이런 과정을 통해 생긴 육체적 피로는 절제된 식이요법과 병행하면 과도한 성적 욕구를 제어하는 효과적 수단이 되었다."[1]

---

[1] Ohiyesa, 'The Soul of the Indian', pp90~92

원시상태의 이로쿼이족에 관해 얘기하면서 브린턴은 "육체적인 면에서 그 대륙의 어떤 종족도 그들을 능가하지 못했다. 아마 전 세계 어떤 민족보다도 뛰어나다고 얘기할 수도 있을 것이다."[2]라고 말했다.

고대 그리스의 가장 유명한 주자는 파이디피데스다. 그는 아테네에서 스파르타까지의 140마일을 36시간 만에 주파했다. 인디언들 사이에서 이 정도의 기록은 이류로 평가 받을 것이었다. 1882년 포트엘리스에서 나는 한 젊은 크리[Cree]족을 본 적이 있었다. 그는 그곳에서 125마일 떨어진 포트 큐아펠레에서 25시간 만에 달려서 전갈을 가져온 사람이었다. 그가 한 일에 대해 아무도 특별한 얘기를 하지 않았다. 단지 시장 상인들이 "괜찮은 녀석이군." "그럭저럭 잘 뛰었어," 하는 식으로 심드렁하게 한두 마디 할 뿐 이었다. 그 정도의 기록은 인디언들 사이에서는 흔한 것이었음이 분명해 보였다.

1932년 2월 4일자 〈엘 파소 타임〉지에 따르면 토마스 자피로와 레오니시오 샌 미구엘이라는 두 명의 인디언 주자는

---

[2] Daniel G. Brinton, 'The American Race', 1891, p.82

파추카에서 멕시코시티까지의 62.5마일을 9시간 37분에 주파했다고 한다. 이는 마일당 9분 15초가 걸린 셈이다.

주니^{Zuni}족에는 '막대 차기'라는 경주가 있었다. 이 경주는 참가자들이 자기 앞에 놓인 막대를 차며 달리는 시합이었다. F. W. 휴지 박사는 그 경주에서 20마일을 2시간 만에 달린 기록이 있다고 내게 말해 주었다.

타레휴마레의 집배원은 일주일 내내 무거운 행낭을 매고 하루에 70마일을 달리는데 그는 자신이 대단한 일을 하고 있다고 생각하지 않는다는 것이다.

이런 얘기도 전해진다. "타레휴마레의 집배원들은 치후아후아에서 멕시코의 바토필레스까지 정기적으로 일주일에 500마일 이상을 달린다. 어떤 호피^{Hopi}족 전령은 120마일을 15시간 만에 달렸다고 한다."[3]

애리조나의 인디언들은 순전히 지구력으로 사슴을 추적하여 잡는 것으로 알려져 있으며 사우스웨스턴의 역사를 배우는 학생들은 코로나도의 기마병들이 산악지형에서 원주민

---

3 Handbook of American Indians, 1910, p.802

을 쫓아가지 못했다는 사실을 모두 알고 있다. 인디언의 주력은 이처럼 대단했다.

홍크파파^{Hunkpapa}수우족의 추장인 러닝 앤트로프^{Running} ^{Antelope}는 웅변가와 그림문자 예술가로 유명한 사람인데 그 역시 대단한 주자였다.

"이 인디언이 소년이었을 때 그는 5시간에 걸친 직선 경주 끝에 다 큰 영양을 쫓아가 잡았다. 그의 부족은 이 일을 대단한 업적으로 생각해서 그의 이름을 '달리는 영양'이라고 새로 붙여 주었다."[4]

다니엘 G. 브린턴 박사에 의하면, 백인의 생활방식, 악습, 질병 등이 인디언에게서 그들 본연의 육체적 강인함을 빼앗아 갔다고 한다. "그럼에도 남북전쟁 동안 뉴욕과 캐나다의 이로쿼이족에서 모집한 다섯 개 중대(500명)는 신장이나 체력, 육체적 균형이라는 면에서 전체 모집병 중 최고의 자리를 차지했다."[5]

---

4 G. O. Shields, The Blanket Indian, 1921, p.121
5 George Bird Grinnell, The North American Indians of To-day, p.56

칼라일 인디언 학교의 풋볼 팀이 거둔 놀라운 성적은 인디언의 육체적 강인함을 보여 주는 좋은 예이다. 이미 수많은 이질적 요소들이 그들의 삶에 유입되어 그들의 강인함을 침식한 지 오래 되었음에도 그랬다.

1912년 칼라일Carlisle족 인디언인 세임스 소르페는 올림픽에서 만능 선수상을 받았다. 그는 30만 명 중에서 선발된 사람이었고 그와 경쟁한 백인들은 3억 명 중에서 뽑힌 사람들이었다.

인디언의 완벽한 근육은 그들 종족이 가진 놀라운 신경조직의 결과로 생각된다.

"총을 맞고도 버티는 그들의 강인한 생명력을 보면, 그들의 신경조직은 인간의 것이라기보다는 맹금류에 가깝다는 생각을 하게 된다. 일반적인 백인은 총을 맞게 되면, 비록 급소를 맞지 않았다 해도, 그 충격에 신경조직과 근육이 마비되어 쓰러진다. 인디언에게 그런 정도는 문제가 되지 않는다. 돌격해 오는 인디언을 쓰러뜨리기 위해서는 그의 머리나 심장, 척추를 정확하게 맞춰야 한다. 나는 척추 옆 1~2인치 근처에 두 발의 총을 맞은 인디언을 직접 본 적이 있다. 그

타격은 그의 걷는 모습을 뛰는 것에서 위엄 있게 걷는 것으로 바꾸었을 뿐이다."[6]

휴이트 박사는 이렇게 말했다. "육체적 균형, 피부색, 동작, 행동의 장중함 등에서 이들과 비교할 수 있는 종족은 없다. 그들은 전염병, 결핵, 매독 그리고 육체적 기형이나 정신적 퇴화에서 자유로웠다. 나병이나 연주창scrofula, 암 그리고 신경쇠약 등은 인디언들에게는 낯선 단어였다."[7]

그린넬은 다음과 같이 말했다. "생존경쟁을 통해 약하고 느리고 어리석은 요소들을 제거해 오면서 그들은 완벽한 육체를 가진 종족이 되었고, 정신적으로도 외부 요인이 개입하지만 않는다면 그들이 맞닥뜨리는 모든 문제에 대처할 수 있게 되었다."[8]

그들의 용기, 지혜, 강인함, 지구력, 놀라운 육체적 능력 그리고 민첩성 때문에 우리는 R. I. 닷지 대령이 인디언을 일

---

6   R. I. Dodge, "Our Wild Indians", p.440
7   "Ancient Life in the American Southwest", p.24
8   "The North American Indians of To-day", p.7

컬어 "세계 최고의 타고난 전사"[9]라고 했던 말을 이해하고 수긍할 수 있다.

---

9 Our Wild Indians, p.489

청결

모피와 주류 판매상인 알렉산더 헨리 2세는 초기 인디언을 타락시키는 데 일조한 사람이고 그들을 좋아하지 않았음에도, 1806년 만단족에 관해 다음과 같은 말을 했다. "이 부족에서는 남자, 여자 모두 아침저녁으로 강에 나가 목욕을 하는 풍습이 있었다. 이웃 부족인 수우족이나 크로우족, 샤이엔족들도 마찬가지였다."[10]

1832년에서 40년까지 인디언들과 함께 지낸 후 캐틀린은

---

10 Journal 1권, 1897, p.325

이렇게 말했다. "예외적인 경우도 있지만, 이들 야생의 인디언들은 품위와 청결함 그리고 우아한 옷차림에 대한 엄격한 규율을 지켰다. 아마 개인적 청결함을 유지하는데 그들보다 더 신경을 쓰는 민족은 없을 것이다."[11]

"사계절 내내 지속되는 목욕과 종교적 세정의식 – 남자와 여자가 몸을 담그는 장소는 따로 있었다 – 은 유태인의 그것과 비슷했다."[12]

J. O. 도시는 오마하족의 청결함에 대해 다음과 같이 말했다. "오마하족은 날이 따뜻할 때는 매일 이른 아침과 밤 두 번에 걸쳐 목욕^{hica}을 했다. 하고 싶은 사람은 낮에도 한 번 더 하기도 했다. 엘크^{Elk}족의 일원인 잭슨은 겨울에도 매일 목욕을 했다. 그는 미주리 강의 얼음을 깨 구멍을 낸 후 거기에서 목욕을 하거나 눈으로 몸을 씻었다. 오마하족은 겨울에는 솥에 물을 데워 목욕을 했다^{kigcija}... 폰카^{Ponka}족은 매일 미주리 강에서 목욕을 했다."

---

11 'Manners, Customs, and Conditions of the North American Indians' 1권, 1841, p.96
12 앞의 책 2권, p.233

예전 인디언들은 모두 마을에 우리가 증기탕이라 부르는 －그들은 그곳을 '땀내는 오두막'이라 불렀다－ 시설을 가지고 있었다. 그들은 그곳에서 감기, 기침, 염증성 류머티즘을 치료했다. 캐틀린은 이 풍습에 대해 자세히 설명하면서 다음과 같이 덧붙였다. "모든 마을에는 증기탕sudatories이 서너 개씩 있었는데 그것은 마을의 공동 재산이었다. 남녀노소 누구나 거기서 목욕을 하거나 쉴 수 있었다."[13]

---

13 앞의 책 1권. p.97

용맹함

옛날 여행가들이나 현대에 인디언과 싸움을 해 본 사람들은 인디언이 역사적으로나 현존하는 사람 중에서나 가장 용감한 사람들이라는 데 의견이 일치한다. 용기는 그들이 가장 중요하게 생각한 덕목이었다. 인디언의 전 생에 걸친 수련의 목적은 어떤 어려운 상황에 놓이더라도 냉정함을 잃지 않고 두려움 없이 효율적으로 문제를 해결해 나가는 사람이 되는 것이었다.

1724년 라피타우 신부는 캐나다에 살던 라우어Lower족에 관해 다음과 같이 말했다. "그들은 자부심이 강했고 어떤 시련에도 흔들리지 않는 용기를 가지고 있었다. 고난 속에서도 영웅적 참을성을 보여 주었고 불운이나 역경 속에서도 흔들리지 않는 평정심을 가지고 있었다."

"인디언은 죽을 때가 되었음을 느끼면 그가 전쟁터에서 종종 죽음에 직면했을 때와 마찬가지의 결연함을 보여 준다. 거의 모든 나라에서 두려움의 근원이었던 죽음이라는 문제를 대하는 이들의 상대적 초연함은 진정 경탄할 만하다. 의사가 그에게 남은 시간이 얼마 되지 않음을 알려주면 그는 아주 침착하게 자신의 삶에 관한 이야기를 하거나 이때를 대비해 준비해 두었던 죽음의 노래를 부른다."[14]

"인디언에게 가장 큰 모욕은 그의 용기를 의심하는 것이다."[15]

"이 야만인들은 대단한 영웅적 자질을 가지고 있었다. 어떤 종류의 역경에도 엄청난 용기를 보여 주는 모습은 그리스 로마 신화의 어떤 영웅들에게도 뒤지지 않았다."[16]

---

[14] Jonathan Carver, 'Travels', 1766~69, p.261
[15] J. D. Hunter, 'Captivity Among the American Indians', 1798~1816, p.301
[16] 'Travels', 1766~69, pp.221~222

라피타우는 이렇게 말했다. "인디언들은 아주 어렸을 때부터 이런 용기를 가지도록 훈련된 것으로 보인다. 어떤 기자는 인디언 아이들이 맨살로 그들의 팔뚝을 맞댄 체 그 사이에 불붙은 숯덩이를 올려놓는 모습을 본 적이 있었다. 그것은 고통을 참는 용기를 겨루기 위한 행위였다. 내가 직접 본 것으로 이런 일도 있었다. 5~6세 정도의 아이 한 명이 끓는 물을 뒤집어쓰는 사고를 당한 적이 있었다. 그 아이는 극심한 고통을 겪으면서도 사람들이 온 몸에 붕대를 감는 내내 놀라운 침착함 속에 죽음의 노래를 불렀다."

"인디언에게 용기란 절대적 자기절제였다. 진정으로 용감한 사람은 두려움이나 분노, 욕망이나 번민에 굴복하지 않는 사람이라고 그들은 생각했다. 그들은 자기 삶의 주인이었다. 그들의 용기는 진정한 기사도와 애국심 그리고 영웅다움의 절정을 보여준다.

어떤 나이 든 추장은 굶주리는 동족을 위해 버팔로를 찾아 나서는 정찰병에게 이렇게 말했다. '추위와 굶주림, 고통과 공포에 굴하지 마라. 위험이 이를 드러내고 죽음이 입을

벌리더라도 네가 하는 일을 계속해라."¹⁷

다음과 같은 사례를 생각해 보면 인디언의 용맹성을 의심할 수는 없을 것이다. 1832년 블랙 호크와 40인의 전사들은 270명의 미군 소총수들을 궤멸시켰다. 1877년 요셉 추장은 형편없는 무기에 아녀자와 아이들이라는 부담을 안은 상태에서도 두 배가 넘는 병력의 미군을 계속해서 격퇴시켰다. 1878년 무딘 칼$^{Dull\ Knife}$은 69명의 전사와 함께 2000명의 미군을 상대로 4개월 동안 전투하면서 그들을 격퇴시켰다.

1885년에서 1886년에 걸쳐 아파치족의 추장 제로니모는 35명의 병사를 데리고 아무런 보급도 받지 못하는 상황에서 5000명의 미국 정규군, 500명의 인디언 보충대, 국경 수비대 1개 중대를 상대로 18개월 동안 전투를 벌였다. 이 기간 동안 그는 6명의 병사를 잃었지만 상대는 200명이 넘는 손실을 입었다.

결론적으로 넬슨 A. 마일즈 장군은 이렇게 얘기했다. "지난 200년 동안 아메리카 인디언이 보여준 영웅적 용기는 유

---

17 "'Ohiyesa, 'The Soul of the Indian'", p.115

례를 찾기 힘든 것이다. 그 기간 동안 그들은 월등한 성능의 무기와 끊임없는 물자 그리고 압도적 숫자를 내세워 야금야금 쳐들어오는 적에 대항해 싸웠다. 만일 수적으로 비슷했다면 역사는 전혀 다르게 진행되었을 것이다."[18]

---

18 1912년 2월 16일 자 편지

쾌활함

　오늘날 교육받은 인디언들을 가장 화나게 하는 말은 그들 종족이 우울하며 과묵하다는 말이 터무니없이 반복된다는 사실이다. 한번이라도 인디언 마을에 가 본 사람은 그들의 일상이 얼마나 즐거움과 기쁨 속에서 펼쳐지는지 알게 된다. 사람들이 모인 곳에는 항상 적어도 한 명 이상의 재담꾼이 나와 농담과 익살로 사람들을 즐겁게 했다. 그들의 노래와 연설, 동화는 농담과 노골적 풍자로 채워져 있었다. 미국 민속학국Bureau of American Ethnology의 보고서는 이런 사실을 충분히 보여 준다.

수우족 출신인 오이예사는 이 문제에 관해 이렇게 말했다. "북미 인디언들이 유머 감각이 없고 웃을 줄 모른다는 생각은 나를 매우 화나게 한다. 나의 이런 생각은, 운이 좋아서든 나빠서든 인디언의 집에서 그들과 같이 지내본 사람은 이해할 수 있을 것이다. 인디언이 모여 있는 모닥불 가에서보다 더 유쾌하게 웃는 웃음을 나는 본 적이 없다. 나는 그들과 웃다 지칠 때까지 시간을 보낸 적이 여러 번 있다. 마을의 공인된 만담꾼이 무료로 여흥을 펼치는 저녁이면 마을 사람들은 그가 떠날 때까지 포복절도의 상태가 되었다. 아쉽게도 인디언의 유머는 몸동작과 더불어 말을 하는 억양에 기반한 것이 많아서 다른 말로 번역하기는 불가능한 것이다."[19]

그린넬은 이런 말을 덧붙였다. "인디언이 금욕적이며 무디고 무뚝뚝하다는 일반의 생각은 완전히 잘못된 것이다. 그들은 진짜 쾌활하고 익살스런 본성을 가진 사람들이다. 재미있는 일이나 농담에는 어린아이처럼 순진하게 즐거워했다."[20]

---

19 'Indian Boyhood', 1902, p.267
20 'The North American Indians of To-day', p.9

R. I. 닷지 대령은 이렇게 말한다. "인디언은 습관적으로 그리고 보편적으로 내가 본 사람들 중 가장 행복한 사람들이었다."[21]

---

21 'Our Wild Indians', p.248

정직함

캐틀린은 이렇게 말했다. "나는 7~8년 동안 여기저기를 떠돌며 정말 다양한 환경 속에서 30~40만 명의 인디언을 만나고 사귀었다. 그 어떤 상황 하에서도 나를 속이거나 때리거나 사소한 물건 하나라도 훔치는 인디언은 없었다."[22]

"몇몇 부족에서는 아예 절도라는 단어 자체가 생소한 것이었다."[23]

---

22 'Manners, Customs, and Conditions of the North American Indians', 1권, pp.9~10
23 J. D. Hunter, 'Captivity Among the American Indians', 1798~1816, p.300

"일반적으로 인디언들은 나와의 약속을 특별한 노력을 기울이고 위험을 무릅쓰면서까지 철저하게 지켰다."[24] (O. O. 하워드 장군)

"만일 어떤 인디언이 무언가를 해 주겠다고 당신에게 약속했다면 당신은 그 인디언이 약속을 지킬 거라는 사실에 전 재산을 걸고 내기를 해도 상관없다."[25]

대평원에 있던 진보된 종족들 사이를 돌아 본 여행자들은 공통적으로 이런 얘기를 한다. 심지어 예전에 살인자로 날뛰던 알렉산더 헨리 2세도 이런 말을 한 적이 있다. "그들은 여러 번 나에게 총을 쏘았고 몇 번은 간신히 목숨을 건지기도 했다. 그러나 그들은 내게서 값나가는 어떤 것도 훔쳐 가지 않았다는 사실은 분명히 말할 수 있다."[26]

"그들은 본성적으로 친절했고, 백인들과의 교역을 할 때도 세세한 부분까지 정직했다."[27]

---

[24] Leupp, 'In Redman's Land', p.86
[25] 앞의 책 p.128
[26] Journal, 1799~1814, p.452
[27] Washington Irving, 'The Adventures of Captain Bonneville', 1937, p.200

1907년 최북단 지역을 여행하는 길에 나는 인디언들이 백인의 수많은 악행에 물들어 많은 점에서 타락한 사실을 알게 되었다. 그럼에도 그들은 여전히 매우 정직하다는 사실을 알게 되었다. 나는 아무 거리낌 없이 값나가는 물건들을 몇 달씩 나무에 매달아 둘 수 있었는데, 그것은 어떤 인디언도 그 물건에 손대지 않을 것을 알고 있었기에 가능했다.

위플 주교는 내게 이런 얘기를 해 주었다. 한번은 값나가는 물건을 남겨둔 채 몇 달 간 오두막을 비워 둬야할 일이 주교에게 생겼다. 그는 물건을 안전하게 보관할 방법을 찾았다. 그때 그의 인디언 안내자가 말했다. "형제여, 문을 열어두고 가십시오. 그리고 걱정하지 마세요. 인근 100마일 이내에 백인은 한 명도 없으니까요."

1904년 오지브웨족을 찾아가는 길에 나는 꽤 많은 양의 돈뭉치를 잃어버렸다. 그 돈을 관리하던 내 백인 친구는 이렇게 말했다. "만일 인디언이 그 돈을 발견하게 되면 너는 한 시간 이내에 그 돈을 찾게 될 것이다. 만일 백인이 그 돈을 발견하게 된다면 너는 결코 그 돈을 찾을 수 없게 될 것이다. 백인들은 돈과 관련된 문제에는 아주 약하기 때문이다."

오래전(1912년) 내가 노스다코다의 스탠딩 록에 있을 때 선교사였던 버나드 신부는 25년 전 그와 그의 형제들이 세운 교회를 보여 주며 이런 말을 해 주었다. "처음 우리가 이 교회를 세웠을 때 그 안에는 꽤 값나가는 물건들이 많이 있었음에도 우리는 아무 걱정 없이 하루 종일 문을 열어둔 채 교회를 비울 수 있었습니다. 그때 우리는 언제나 정직했던 옛날 인디언을 상대하고 있었기 때문입니다. 지금은 동부 지역의 인디언 학교에서 교육을 받으며 '백인화 된' 젊은 세대가 꽤 많이 돌아와 있는데 우리는 밤이나 낮이나 교회의 문과 창에 자물쇠를 채워둡니다."

캐나다에 있는 허드슨베이 회사의 관리자들은 본사에서 내려온 지시사항을 여러 번 확인 시켜 주었다. "야생 상태의 이교도 인디언은 처음 2년간은 신뢰해도 좋다. 그러나 그가 머리카락을 자르고 문명화된 시늉을 하면 그를 믿지 말라."

마지막으로 한 가지만 덧붙이자면, 남서부 인디언에 관해 살피던 중 대부분의 그 지역 여행자들이 다음과 같은 사실에 동의하고 있음을 알게 되었다. "나는 18년간(1872~1889) 야생 상태의 인디언들 사이에서 지냈다. 나는 그때 아파치족,

나바호족, 우태^{Ute}족, 푸에블로족 등을 알게 되었는데 부정직한 인디언은 단 한 명도 만나지 못했다."[28]

---

28 Robert A. Widenmann, 'West Haverstraw'에 실린 편지 중에서

친절함

처음 인디언과 백인이 만났을 때 백인은 수적으로 열세였다. 그러나 백인들은 자신들이 받은 도움을 배신하기 전까지는 최대한 친절한 대접을 받을 수 있었다.

심지어 탐욕에 눈멀고 이방 종족에 대한 경멸과 미신으로 영혼이 오염돼 있던 콜럼버스조차 그의 범죄에 공범이었던 스페인 국왕과 왕비에게 다음과 같은 내용의 편지를 보냈다. "이 세상에 이들보다 더 다정하고 상냥하고 온유한 사람들은 없을 것입니다. 그들은 자신을 아끼듯 이웃을 아끼며 언제나 미소를 머금고 얘기를 합니다."[29]

최조의 청교도 이주민들이 뉴 잉글랜드의 식민화를 시작하고 버지니아 식민지 개척자들이 남쪽에 도착했을 때도 똑같은 일이 있었다.

그러나 모든 경우에(윌리엄 펜을 제외하고) 그들 식민지 개척자들은, 자신들의 힘이 커지면 자신들의 친절한 보호자였던 인디언을 배신하고 양심의 가책이나 망설임 없이 잔인하게 약탈하고 죽였다.

1846년 대평원과 캘리포니아 산맥을 건너던 도너 원정대의 참혹한 역사에서 우리는 비참하고 구역질나는 모습을 보게 된다. 이들 기독교인들은 서로 욕하고 증오하고 약탈하고 훔치고 심지어는 '잡아먹기'까지 했다. 그들은 굶주리고 낙담에 빠진 상태였고 동상에 걸려 있었는데 사소한 이익을 위해 서로 죽이려 했다.

그 끔찍한 사실을 기록한 윌리엄 H. 에디는 시에라 산맥의 고지에서 눈에 갇혀 절망감에 빠져 있던 그가 어떻게 인

---

[29] George Catlin, 'Manners, Customs, and Conditions of the North American Indians', 2권, p.246

디언 마을에 도착하게 되었는지 말해주고 있다. 그리고 거기서 그가 한 젊은 인디언에게 받은 접대에 대한 얘기가 이어진다. "내 발은 상태가 엉망이었다. 내 동료들은 나보다 더 상태가 좋지 않았다. 동상에 걸린 살은 깊게 찢어져 피와 진물이 흘러 나왔다."

"그 젊은 인디언은 우리의 발을 세심하고 자상하게 씻겨 주었다. 음성은 그의 깊은 동정심을 드러내는 낮은 목소리였다. 그의 부인은 피와 오물이 묻은 천들을 가지고 나가 깨끗하게 빨아왔다. 그 행위는 어떤 보상을 바라고 한 게 전대 아니었다. 그것은 순전히 자신보다 못한 처지의 사람을 도와주려는 고결한 심성에서 나온 것이었다."[30]

이와 비슷한 사례는 아주 옛날부터 지금까지 셀 수 없이 많이 전해지고 있다. "미국 역사에서 가장 수치스런 부분은 우리가 인디언들을 어떻게 상대했는지 기록된 부분일 것이다. 이 종족과 우리 정부의 교섭의 역사는 끊이지 않는 불법과 사기와 약탈의 기록이다."[31]

---

30 Bimey, 'Grim Journey', 1934, pp.150~69
31 G. B. Grinnell, 'Blackfoot Lodge Tales', 1892, p.9

에어브러햄 링컨은 재임 시 이런 말을 했다. "내가 살아 있는 한 인디언에 대한 이런 수치스런 약탈 제도와 부끄러운 처우는 고치고 말 것이다."

청교도의 묘지석에 새겨진 17세기의 전형적 기록은 다음과 같다.

린 S. 러브를 기리며
그는 살아 있는 동안 하느님이 그에게 보내 준
98명의 인디언을 죽였다.
그는 주의 품에 안기기 전에 100명을 채우길 바랐다.

―뉴욕 주에서

평화에 대한 생각

 필요하다면 언제든 전쟁을 벌일 준비를 하고 있었지만, 평화를 유지하는 기본 요소에 대한 인디언의 인식은 일반적으로 생각하는 것보다 훨씬 깊다. 이런 생각은 모든 부족에 내재되어 있었지만, 유명한 이로쿼이동맹에서 그 완전한 형태를 볼 수 있다.

 이로쿼이족은 남자, 여자, 아이들을 모두 합쳐도 그 인원이 15000명 정도 밖에 되지 않았다. 때문에 그들이 관할하던 대륙의 광대한 영역은 힘으로만 유지될 수는 없었다.

 〈평화의 순수한 근원〉이라는 그의 책에서 폴 A. W. 월러

스는 그 당시의 상황에 대해 잘 설명하고 있다. "그것은 평화 자체에 대한 깊은 이해에 바탕 한 지도력 덕분이었다. 그들은 모든 진정한 평화는 정의와 건전한 상식에 바탕을 두어야 한다는 점을 알고 있었다. 그들은 또한 평화란 모든 사람이 관습법의 권위를 인정하고 그 권위를 강제할 힘이 있을 때에만 지속될 수 있다는 것도 알고 있었다. 그 힘은 단순히 평화를 해치는 사람을 벌주는 게 아니라, 어떤 우발적 사건에 의해 평화가 훼손되기 전에 어떤 경우에도 법이 반드시 이긴다는 사실을 모든 사람이 알게 하는데서 나오는 것이다."

"그들의 지도력 뒤에는 평화를 지키려는 사람들의 의지가 있었다. 그런 의지가 없었다면 오노다가의 대족장회의에 모였던 추장들의 지혜도 쓸모없는 것이 되었을 것이다. 이로쿼이족이 미국 정부에 가장 크게 기여한 점은 어떻게 하면 평화를 지키려는 대중의 의지를 유지시킬 수 있는가 하는 점을 보여주었다는 데 있다. 그 사례는 오늘날 여러 문제에 직면한 우리들에게 더 필요한 일이 될 것이다. 어느 때보다 전 세계가 가까워졌음에도 긴장은 고조되는 상황 속에서 평화를 유지하려는 대중의 의지를 유지시키는 것이야말로 전 세계

지도자들이 해결해야할 가장 큰 숙제이기 때문이다."

"그들은 이론보다 실천에 뛰어난 종족이었다. 그들의 믿음은 신학보다 건전했으며 그들의 정치체계는 정치학보다 성숙된 것이었다. 그들이 이론적으로 뛰어났던 것은 인간관계에 대한 학문이었다."

"그들은 평화를 단순히 전쟁이 없는 상태 또는 전쟁 사이의 휴지기 같이 소극적 의미로 생각하지 않았다. 불행하게도 대부분의 서구인은 그렇게 생각한다. 그들의 법학자들은 국제 문제에 있어서 평화에 관한 법은 전쟁에 관한 법에 덧붙이는 보충적인 것으로 생각한다."

"이로쿼이족에게는 평화가 법이었다. 그들은 이 두 가지 의미를 나타낼 때 같은 단어를 썼다. 평화(또는 법)는 행위의 정당함, 개인이나 국가 간의 정의를 실천한다는 의미였다. 설령 그들이 평화를 어떤 신비로운 상태로 생각했다 해도, 그들은 그것을 세상을 벗어난 상상 속에서 찾기보다 인간의 조직, 특히 훌륭한 정부 조직 내에서 찾았다. 그들이 '큰 평화'라고 불렀던 연합체는 신성한 것이었다. 그 연합을 관리하는 추장들은 그들의 사제들이었다."

"그들에게 평화는 인간의 삶과 별개의 것이 아니었기 때문에 따로 부르는 별도의 명칭도 없었다. 평화는 그것을 구성하는 요소들을 통해 불리거나 생각되었다. 가령 건강(신체의 건강함과 정신의 고결함), 법(특별한 경우에 맞게 성문화된 정의), 권위(정의가 이긴다는 확신을 주는 것) 등이 그것이었다."

"평화란 지혜와 품위로 특징지어지는 삶의 방식이었다."

"그들에게 평화의 상징은 나무였고 그 나무는 땅에 뿌리를 내리고 있었다."

"우리 교회의 첨탑처럼 '하늘을 뚫고 올라가' '태양에 닿은' 거대한 흰 소나무는 이로쿼이족에게 평화의 상징으로 여겨졌다. 그 나무는 위대한 영이 연맹의 공표자로서 데가나위다Deganawidah를 보냈다는 믿음의 상징물이었다."

"일반적으로 나무는 법을 의미했는데 여기서 법이란 그들 연합의 조건을 표시한 규약을 의미했다. 그 밖에 이 상징물에는 다른 중요한 요소도 있었다."

"나무 가지는 은신처를 의미했는데 이는 그들의 연합이 법의 그늘 아래서 사람들에게 안전한 보호를 줄 수 있다는 의미였다."

"사방으로 뻗은 뿌리는 모든 인류를 포용할 수 있게 그 법과 평화가 퍼져 나가는 것을 의미했다. 아직 연합의 일원이 아니 다른 민족들도 뿌리가 자라 커져감에 따라 보게 될 것이었다. 그들이 선한 사람이라면 그 뿌리의 근원을 찾아 올 것이고 다른 사람들과 함께 나무 아래서 쉴 곳을 찾을 것이라고 생각했다."

"데가나위다가 나무 꼭대기에 놓아 둔 독수리는 먼 곳을 볼 수 있는데, 신중함의 상징이었다. 데가나위다는 말했다. '나무 꼭대기에 독수리가 있는 것은 사방으로 뻗어 있는 뿌리를 지키기 위해서다. 어떤 악이 너희 연합에 접근하면 그 독수리가 소리를 내어 알리고 너희 앞에 나타날 것이다.'"

"데가나위다는 말했다. '그 독수리가 너희에게 힘이 되어 줄 것이다.' 이 말은 인간의 지혜로 만들어 낼 수 있는 최상의 정치적 장치도 신중한 사람이 그것을 지키기 위해 항상 감시하지 않는 한 평화를 지키는 데 쓸모가 없어질 수 있다는 의미였다."

"그리고 나서 데가나위다는 나무의 뿌리를 뽑았다. 그 밑으로 동굴이 나타났는데 그 속으로 한 줄기 물이 흘러 들어

가더니 땅속 깊이 보이지 않는 곳으로 사라졌다. 데가나위다는 '사악한 마음이 만들어 낸 모든 것을 땅 위에서 사라지게 하리라'고 외치며 물속으로 전쟁에 쓰이는 도끼와 곤봉 같은 무기를 던져버렸다."

"다시 나무를 제사리에 심은 후 데가나위다는 말했다. '이로써 큰 평화가 확립되었다. 다섯 부족 간에 더 이상 적의는 없을 것이며 하나 된 사람들에게는 평화만이 있을 것이다.'"

아즈텍 부족의 아버지가
아들에게 주는 충고

바이아트는 그의 책 〈아즈텍 사람들〉에 이렇게 쓰고 있다. "정직하게 살도록 노력하라. 쉬지 말고 신에게 기도하라. 신이 너를 만드셨으니 너는 그분의 것이다. 그분은 너의 아버지이며 내가 너를 사랑하는 이상으로 너를 사랑하신다. 매 순간 그분을 생각하고 탄식으로 그분께 아뢰어라."

"어른들을 공경하고 어떤 경멸의 조짐도 보여선 안 된다. 가난하고 불쌍한 사람을 못 본 체 하지 말고 친절한 말로 위로하라. 모든 사람을 공경하라. 특히 부모를 공경해야 하며 그들을 경외하고 돌보며 순종해야 한다. 이성 없는 짐승처럼 자신에게 생명을 준 부모를 존경하지 않는 패륜아를 닮지 않도록 주의하라. 그들은 부모의 충고를 듣지 않으며, 어른들이 필요하다고 생각해 내린 징계를 받아들이지 않는다. 이렇게 악의 길을 따르는 자는 끝내 파멸에 이를 것이다. 그런 자는 심연에 던져져 절망 속에 죽거나 들짐승의 먹이가 될 것이다."

"나이든 사람이나 장애인을 조롱하지 마라. 네 앞에서 누군가 실수를 하더라도 면전에서 조롱하지 마라. 자신을 돌아보고, 네가 다른 사람을 비난하는 일을 자신이 범하지 않도록 조심하라."

"너를 부르지 않는 곳에는 가지 말고, 너와 상관없는 일에는 관여하지 말라. 말이든 행동이든 네가 좋은 교육을 받은 사람임을 증명할 수 있도록 조심하라. 누군가와 얘기할 때 그의 옷을 잡지 말라. 너무 많은 말을 하지 말 것이며 다른 사람이 말하는데 끼어들지 말라. 누군가 어리석은 말을 해도 네가 책임져야 할 필요가 없다면 끼어들지 말라. 말을 해야 할 때면 조심해서 하되 오만함을 드러내서는 안 된다. 네가 하는 말이 받아들여지지 않을 것이다."

"누군가 너에게 말을 하면 존중하는 마음으로 주의 깊게 듣고, 발을 움직이거나 옷을 물어뜯거나 침을 뱉지 말라. 앉아 있는 자리라면 엉덩이를 들썩이지 말라. 이런 행동은 너를 경망스럽고 제대로 배우지 못 한 사람으로 보이게 할 것이다."

"식탁에서 밥을 먹을 때는 너무 빨리 먹지 말고, 싫어하는 음식이 나와도 내색을 하지 않도록 하라. 네가 밥을 먹을 때 누군가 찾아오면 음식을 나눠 먹고 그가 먹는 것을 지켜보지 않도록 하라."

"길을 갈 때는 다른 사람과 부딪히지 않도록 잘 살펴 가며 걸어라. 도중에 누군가를 만나면 길을 비켜 주어라. 불가피한 경우나 그들이 그렇게 하라고 허락한 경우가 아니면 어른을 앞질러 가지 말라. 어른들과 식사를 할 때 그들보다 먼저 먹기 시작하면 안 되고, 그들의 호의를 얻을 수 있게 필요로 하는 것을 제공하라."

"누군가 네게 선물을 주면 감사하게 받아라. 그 물건이 비싼 것이라고 자랑하지 말 것이며, 싼 것이라고 무시하거나 조롱하지 말라. 너를 기쁘게 하려던 사람이 상처를 입을 수 있다."

"부자가 되어도 가난한 사람에게 거만하지 말고 겸손 하라. 그렇게 하지 않으면 그들에게 허락되지 않은 부를 너에게 준 신이 화가 나서 그 부를 거둬 다른 사람에게 줄 것이다. 일을 하면서 살아가라. 그 일이 더 많은 행복을 가져다줄 것이다."

"절대 거짓말을 하지 말라. 거짓말은 크나큰 죄이다. 누군가 너에게 한 말을 전할 때는 단순하게 사실만을 전달하고 어떤 것도 보태지 말라. 남을 헐뜯지 말라. 다른 사람의 잘못을 보더라도 네가 그것을 바로 잡아 줄 의무가 없다면 침묵을 지켜라. 누군가에게 말을 전할 때 그 얘기를 듣는 사람이 화를 내거나 보낸 사람을 비난하면, 내용을 완화시켜 전하도록 하라. 네가 다툼의 원인이 되는 것을 피하고 네 자신을 책망하는 일을 피하고자 함이다."

조국애

　인디언에게 자신의 나라와 그의 부족이 대를 이어 살아온 땅에 대한 깊고 지속적인 애정보다 더 강한 감정은 없다. 그들의 가장 치열한 전쟁은 자신의 동족과 나라를 위해 기꺼이 목숨을 내 놓은 전쟁이었다.

　"자기 종족의 명예와 나라의 번영이 인디언 마음속에서 가장 우선시되는 중요한 감정이었다. 모든 미덕과 악덕의 기준이 거기에서 나왔다. 이런 동기로 인해 그들은 어떤 위험도 감수하고 극단적인 고통도 참아내며 불굴의 정신으로 죽기도 했는데, 이는 개인적 자질이라기보다는 종족의 특징이

었다."³²

 1912년 9월 17일, 나는 몬타나 주의 크로우 인디언 부락 내에 있던 커리의 오두막에 앉아 있었다. 그는 카스터 원정대의 수석대원이었으며 카스터의 마지막 전투에서 하얀 백조White Swan를 제외하면 유일한 생존자였다. 커리는 자신의 동족을 선조들이 살았던 땅에서 몰아내려는 미국 정부의 배은망덕에 대해 신랄하게 비판했다. 그는 이주 동의서에 사인하길 거부하고 자신의 반대 서명이 적힌 종이를 내게 보여주었다. 이런 내용이었다.

 "나는 카스터 장군의 친구였다. 그의 기병대의 일원이었던 나는 몇 마디 하고자 한다. 워싱턴에 있는 당신들의 대통령은 이 땅을 차지하기 위해 당신을 이곳에 보냈다. 당신이 보고 있는 땅은 보통의 땅이 아니다. 우리 조상의 피와 살과 뼈가 묻혀 있는 곳이다. 우리는 이 땅을 지키기 위해 다른 인디언과 싸우고 피 흘리고 죽어갔다. 우리는 백인을 돕기 위해 싸우고 피 흘리고 죽기도 했다. 당신들이 이 땅을 차지하

---

32 Jonathan Carver, 'Travels', p.271

고 싶다면 땅 속 깊이 파 들어가는 수밖에 없을 것이다. 땅 위는 크로우족의 것이기 때문이다. 이 땅을 지키기 위해서 나는 피 흘리고 죽을 생각이다. 이 땅은 신성하기 때문이다. 나는 결코 한 조각의 땅도 포기하지 않을 것이다."

제 5 장

와바샤

모든 사람을 존중하되 누구에게도 비굴하지는 마라.
주는 것이 받는 것보다 명예로운 일이다.
동족의 체취가 네게 기쁨을 줄 수 있기를 기도하라.

Big Foot

빅 풋

와바샤의 가르침

(또한 테쿰세, 시팅 불, 크레이지 호스,
워보카의 가르침도 포함되어 있다)

죽음의 공포가 네 마음속으로 들어오지 못하도록 하라.

아침에 눈을 뜨면 아침 햇살에 감사하라. 살아 있음과 건강함에 감사하라. 먹을 음식이 있음에 감사하고 삶의 기쁨에 감사하라. 가끔 감사할 것이 없을 때는 자신에게 잘못이 있음을 확실히 인식하고 쉬어라.

식사를 할 때마다 위대한 영에게 감사하라. 음식의 한 조각을 불 속에 던지고 "위대한 영이시여, 저희와 함께 하소서."라고 기도하라.

죄를 짓는 것은 위대한 영의 계율을 어기는 것이다. 죄를 짓는 것은 그 자체가 형벌이기 때문에 고통을 수반한다. 범죄 행위는 종족의 법을 어기는 것이기에 종족에 의해 처벌받게 될 것이다.

누구라도 다른 사람의 죄로 인해 고통을 받아서는 안 된다. 누구도 다른 사람의 벌을 대신 받아서 그 죄를 사해 줄 수는 없다.

허약한 사람이라 해서 자신이 저지른 죄에 대한 벌을 면하는 것은 불공정한 일이다. 무고한 사람이 특별한 처지 때문에 대신 벌을 받는 것은 훨씬 더 부당한 일이다. 신은 그 대상이 누구든 무슨 일이든 가리지 않고 희생양을 통해 자신의 배를 채우는 굶주린 야수가 아니다. 그러므로 네가 지은 죄의 대가를 대신 치러 네가 풀려 날 수 있도록 해 주겠다고 꾀는 거짓말쟁이를 조심하라.

너의 영향력 아래 놓인 사람들에게 관대하라. 죄수를 고문하거나 무력한 사람을 학대하는 짓은 비겁한 자들이나 하는 것이다.

자살은 비겁한 자들이 하는 짓이다. 용감한 사람은 싸우다 죽는다.

모든 마을에는 무속과 종료 의식을 위한 신성한 장소가 있어야 한다. 이 치료소 Medicine Lodge에서 사람들이 만나 춤을 추고 파이프를 나눠 피우며 약을 만든다.

모든 사람은 자신만의 성소를 가져야 한다. 그곳에서 그는 홀로 밤을 새고 성스러운 목소리를 들으며 기도와 찬양을 드린다.

훈련과 바른 생활 그리고 위대한 영의 은총을 통해 아름다운 육체를 가지게 되었다면, 다른 사람에게 본보기가 되고 그들에게 즐거움을 주기 위해 네 육체의 아름다움을 보여 주는 것은 괜찮다. 병에 걸리거나 기형이 되거나 불결한 상태여서 추한 모습일 때는 자신을 숨기는 것도 괜찮다.

맹수가 너의 아이, 너의 아내, 너의 집, 너의 친구 그리고 너 자신을 공격할 때는 너의 온 힘을 다해 어떤 무기를 써서라도 싸워서 최대한 빨리 격퇴시키는 것이 남자로서의 의무다. 그 짐승이 사람의 모습을 하고 있을 때도 마찬가지다.

모든 사람을 존중하되 누구에게도 비굴하지는 마라.

주는 것이 받는 것보다 명예로운 일이다.

동족의 체취가 네게 기쁨을 줄 수 있기를 기도하라.

나는 '돈을 좇고 죽음을 두려워하는' 가치관이 종교로 굳어진 사람을 많이 보아 왔다. 그러나 이런 가치관은 인디언 본연의 것이 아니다.

그들의 선행을 되새기기 위한 경우가 아니라면 죽은 사람에 대해 말할 필요는 없다.

장모와는 어떤 경우에도 말을 하지 말고 그녀가 네게 말을 걸지도 못하게 하라. 그녀가 집에 있을 때 사위가 들어오면 장모는 시선을 내린 후 조용히 자리를 비켜 줘야 한다. 이것이 선조의 지혜이다.

낯선 부족을 방문할 때는 자신의 친구나 지인에 앞서 그 부족의 추장에게 존경을 표하라. 추장이 네가 머무는 것을 원하지 않는 경우도 있을 수 있다.

아침에 숙소를 떠날 때는 자신의 쓰레기는 태우거나 묻어서 깨끗하게 처리하도록 한다. 대지를 오염시키고 그 아름다움을 훼손시키면 안 된다.

낯선 사람을 너무 뚫어지게 바라보지 말 것이며 상대가 그렇게 바라보면 시선을 피해 주어야 한다. 여자의 경우는 더욱더 이 점에 신경을 써야 한다.

인적이 드문 곳에서 친구와 만나거나 지나칠 때면 인사말을 나누어라. 낯선 사람과도 마찬가지다.

약속을 한 경우에는 상대가 양해를 해 준 경우가 아니면 반드시 지켜야 한다. 서면으로 약속을 한 경우라 해도 그것은 단지 상대가 그런 말을 했다는 것을 증명할 뿐이며 더한 구속력을 가지는 것은 아니다.

시험을 통해 검증된 미니시노^{Minisino}는 항상 깨끗한 상태를 유지하고 예의 바르며 자기를 통제할 줄 아는 사람이다.

성적 욕망에 탐닉하는 사람은 방울뱀과 같이 사는 것이나 마찬가지다. 그 상처는 썩어서 끝내는 죽게 될 것이다.

천막에서의 규칙

호의적으로 손님을 맞이하고 친절하도록 하라. 항상 너의 손님이 피곤하고 춥고 배고픈 상태라고 생각하라. 굶주린 개가 너의 천막으로 들어오더라도 먹이를 주도록 하라.

손님에게는 자신의 집에서 가장 좋은 자리를 제공하고 합당한 대접을 하라. 손님이 서 있는 동안 앉아서는 안 된다.

손님에게 인색하기보다는 자신이 굶어라. 만일 그가 어떤 음식을 거절하면 더 이상 묻지 마라. 그는 어떤 서원을 지키는 중일 수도 있다.

손님을 가족처럼 보호하라. 그의 말을 먹이고 너의 개가 손님의 개를 괴롭히면 혼을 내 주어라.

손님에게 너무 많은 질문을 해 괴롭히지 않도록 하라. 네게 알리고 싶은 것은 그가 얘기해 줄 것이다.

다른 사람의 집에서는 그의 사는 방식에 따르도록 하라.

너의 고민거리로 주인이 걱정하게 하지 말라.

예우상 방문에는 즉각 답방을 하도록 한다.

떠날 때는 작은 선물을 주도록 한다. 작은 선물은 작은 예의이며 기분을 상하게 하지 않는다.

아무리 작은 선물이라도 받았을 때는 '감사합니다'라고 말하라.

비록 집주인이 마다하더라도 그에게 경의를 표하라.

누군가 불가에 있으면 그 사이에 끼어들지 말라.

얘기하고 있는 사람들 사이로 지나가지 말라. 얘기하는 사람을 방해하지 말라.

부족회의에서는 다른 사람의 말이, 비록 그렇지 않다하더라도, 지혜의 말인 것처럼 경청하라.

나이든 사람과 같이 있는 자리에서는, 요청을 받지 않은 이상, 젊은 사람이 말을 하지 않도록 하라.

부족회의에서 연설을 할 때는 너의 말이 생생해 질 수 있도록 푸른 가지를 들고 가라.

나이든 사람이 항상 먼저 집에 들어가고 나가도록 하라. 연장자가 서 있는 동안 앉아서는 안 된다.

누구에게도 네 말을 강요하지 말라.

의무적으로 말을 해야 하는 경우가 아니면 침묵이 너의 좌우명이 되도록 하라. 말을 할 때는 부드럽게, 특히 연장자나 이방인이 있을 때는 더욱 그렇게 하라.

타고 있는 석탄을 쇠로 된 칼이나 날카로운 쇠붙이로 건들지 말라.

집에서 골수가 든 뼈를 부러뜨리는 일은 불길한 짓이다.

집 안에서 불을 돌보는 일은 여자의 몫이지만, 무거운 나무를 드는 것은 남자가 도와주어야 한다.

천막을 세울 때는 캠프의 출구가 동쪽을 향하도록 하고, 각각의 천막도 입구가 해 뜨는 쪽을 향하도록 한다.

각각의 천막은 옛날 지혜로운 선조들이 알려 준대로 정해진 위치에 세워져야 한다. 가까운 친족은 서로 가까이 붙어 있게 하고, 다른 토템을 믿는 씨족은 원을 마주보도록 자리

잡는다. 이 지혜를 통해 젊은이들은 근친을 피해 다른 원 안에서 결혼할 상대를 찾을 수 있게 될 것이다.

제 6 장

선조의
지혜

친구를 사랑하고 어떤 경우에도 그를 버리지 마라.
만일 친구가 적에게 포위되면 도망치지 말고 그에게 달려가라.
만일 그를 구하지 못한다면 같이 죽어서 나란히 묻히도록 해라

Tecumseh

테쿰세

태초에

    태초에 위대한 영은 자신의 기쁨을 위해 세상을 만들었다. 그는 산을 쌓아올리고, 호수를 파고, 강줄기를 뚫고, 숲을 만든 후, 그 안에 살도록 곤충, 물고기, 파충류, 조류, 짐승 그리고 인간을 만들었다. 이 생명체들은 모두 위대한 영의 생명의 숨결을 받아 태어난 같은 생명이다.

    모든 생명은 위대한 영의 자녀들이다. 사람은 단지 짐승들보다 조금 높을 뿐이다. 사람이 위대한 영에 대한 좀 더 나은 지식을 가지고 좀 더 폭넓게 이해할 수 있기 때문이다. 또한 인간은 위대한 영의 목소리를 들을 수 있는 능력을 부여

받았는데, 이를 통해 보이지 않는 세계에 대한 지식을 얻을 수 있다.

창세기

　오마하족 조약돌 모임^{Pebble Society}의 의식에는 다음과 같은 내용이 들어 있다. "태초에 만물은 와콘다의 마음 속에 있었다. 사람을 포함한 모든 피조물은 영(靈)이었다. 그들은 지구와 별(하늘) 사이의 공간을 떠다녔다. 그들은 몸을 지닌 존재로 태어날 장소를 찾고 있었다. 그들은 태양까지 올라갔으나 태양은 그들이 살기에 적합하지 않았다. 그들은 달로 옮겨 갔지만 달 역시 살기에 좋지 않다는 사실을 알게 되었다. 그 후 그들은 지구로 내려왔다. 그들은 지구 위를 덮고 있는 물을 보았다. 그들은 공기 속을 떠돌며 사방으로 돌아다녔지만 마른 땅을 찾을 수 없었다. 그들은 매우 슬펐다. 그때 갑자기 물속에서 커다란 바위가 올라왔다. 불꽃이 터졌고 물은 구름이 되어 공기 속으로 흘러들어 갔다. 차츰 마른 땅이 나타나며 풀과 나무가 자라기 시작했다. 영의 무리들은 내려와 살과 피를 갖게 되었다. 그들은 풀의 씨앗과 나무의 열매를 먹었다. 대지는 이 모든 것을 만드신 와콘다에게 바치는 그들의 기쁨과 감사의 소리로 진동했다."[1]

---

[1] Fletcher-La Flesche, 27th Ann. Rep. Bur. Eth. 1911, p.570

퀴체Quiche족의 창조 신화[2]

"이것이 최초의 말이며 최초의 이야기다. 거기에는 사람도 짐승도 없었다. 새나 물고기, 게도 없었고 막대기도 돌도 없었고 계곡이나 산, 덤불이나 숲도 없었다. 오직 하늘만이 있었다."

"땅은 아직 드러나지 않아서, 고요한 바다와 하늘밖에 아무것도 없었다."

"결합된 것은 아무것도 없었다. 어떤 소리도 움직이는 것

---

2 'Ximenez', 'Myths of the Quiche Indians'

도 없었고, 악을 행하는 것도 하늘에서 우르르 대는 것도 걸어 다니는 것도 없었다. 오직 고요한 물과 잔잔한 바다만이 침묵 속에 있었다."

"고요함과 적막함, 암흑과 밤만 있었다."

"조물주Maker와 조형자Molder, 던지는 사람Hurler과 뱀새Bird Serpent만 있었다."

"물속에서, 투명한 여명 속에서, 초록 깃털에 쌓여 어머니와 아버지들이 잠자고 있었다."

"이 모든 것들 위로 밤의 바람 후라칸Hurakan인 까마귀가 지나가며 '땅이여! 땅이여!' 라고 울어댔다. 곧 딱딱한 땅이 나타났다."

완전한 부권[3]

"완전한 부권은 고귀하고 명예로운 것들의 종합이다." 라고 스콰미쉬Squamish족의 추장 카필라노Capilano는 말했다.

---

3 Tekahionwake, 'Legends of Vancouver', 1912, p.10

오마하족의
경구[4]

"훔친 음식으로는 배고픔을 채울 수 없다."

"가난은 사람을 맹렬하게 만든다."

"돈 빌리는 사람은 누구나 싫어한다."

"낭비하는 사람을 위해 슬퍼해 줄 사람은 없다."

"게으른 자의 길은 치욕에 다다른다."

"사람은 자신만의 화살을 만들어야 한다."

"잘 생긴 외모가 좋은 남편을 만들어 주지는 않는다."

---

4 Fletch-La Flesche, 27th Ann. Rep. Bur. Eth. 1911, p.604

선조들의
격언

"음식을 불 위에 올려놓고 잠들지 마라." (블랙피트^{Blackfeet}족)

"조언자를 고르려면, 그의 이웃에 사는 아이와 함께 지켜보라." (수우족)

"네가 가는 길에 스컹크가 나타나 악취를 남긴다면, 그 냄새가 너의 것이 아니라는 것을 증명하기 위해서라도 그 길을 벗어나면 안 된다." (파이우트^{Paiute}족)

"가난한 사람이 외양 뿐 아니라 정신까지 가난하다면, 죽는 날까지 가난한 사람 말고 무엇이 될 수 있겠는가?" (주니^{Zuni}족)

"달은 개가 짖는다고 가던 길을 멈추지 않는다."(사우스웨스트족)

죽은 사슴을
위하여

"너를 죽여야 해서 미안하다. 형제여.
그러나 나는 너의 고기가 필요했다.
내 아이들이 배가 고파 울고 있구나.
나를 용서해다오. 형제여.
너의 용기와 힘과 아름다움에 경의를 표한다.
자, 여기 나무 위에 너의 뿔을 달아주마.
그리고 붉은 장식을 해 주노라.
이곳을 지날 때마다 나는 너를 기억하고 너의 영혼에 경의를 표할 것이다.

너를 죽일 수밖에 없어 정말 유감이다.

나를 용서해다오. 형제여.

자, 너를 기리기 위해 담배를 태우노라.

나는 담배를 태운다."

늙은 양파 장수

멕시코시티의 큰 시장 한쪽 그늘진 구석에 포타 람보라고 하는 늙은 인디언이 있었다. 그는 자신의 앞에 20줄의 양파 묶음을 매달아 놓고 있었다.

시카고에서 온 미국인 한 명이 다가가서 물었다.

"양파 한 줄에 얼마죠?"

"10센트입니다."

"두 줄은 얼마죠?"

"20센트입니다."

"세 줄은요?"

"30센트입니다."

"좀 깎아주세요. 25센트에 파시죠."

"안 됩니다."

"그럼 20줄 전부를 내가 사면 얼마에 주시겠습니까?"

"나는 당신에게 전부 다 팔지는 않겠습니다."

"왜 안 판다는 거죠? 당신은 양파를 팔기 위해 여기 왔잖아요?"

"아닙니다. 나는 내 삶을 살기 위해 여기 와 있습니다. 나는 이 시장을 사랑합니다. 나는 이곳에 모인 사람들을 좋아하고 그들이 두르고 있는 붉은 모포를 좋아합니다. 나는 햇살을 사랑하고 물결치는 팔메토palmetto나무를 사랑합니다. 나는 페드로와 루이스가 다가와 '부에노스 디아스Buenos dias'(안녕하세요)라고 인사한 후 담배를 태우며 아이들과 곡물에 관해 얘기해 주는 것을 좋아합니다. 나는 내 친구들을 만나는 게 좋습니다. 그것이 나의 삶입니다. 그 때문에 나는 여기 앉아서 하루에 20줄의 양파를 팝니다. 만일 내가 한 명의 손님에게 전부를 판다면 그걸로 내 일과는 끝나고 맙니다. 나는 내가 사랑하고 좋아하는 것들을 잃게 되는 겁니다. 나는 그런 일은 하지 않을 것입니다."

고독한 추장의 교훈[5]

(스커아르알레샤르Skur-Ar-Ale-Shar가
그의 홀로된 어머니에게서 받은 교훈)

"네가 성인이 되거든, 남자를 만드는 것은 야망이라는 것을 기억하렴.

싸우러 나가거든 가다가 돌아서지 말고 갈 수 있는 데까지 간 후에 돌아와라.

네가 성인이 될 때까지 내가 살 수 있다면, 나는 네가 위대한 사내가 되기를 바란다. 나는 네가 우리가 지나온 힘든 시간을 기억해 주길 바란다.

---

5 G. B. Grinnell, 'Pawnee Hero Stories and Folk Tales', 1892, pp.46~7

나는 네가 가난한 사람들을 동정할 줄 아는 사람이 되길 원한다. 우리도 가난했었고 사람들은 우리를 가엾게 생각해 주었기 때문이다.

  내가 오래 살아 네가 전쟁터에 나가는 모습을 보게 된다면, 네가 전사 했다는 얘기를 듣더라도 울지 않을 것이다. 용감하게 싸우는 것, 그것이야말로 진정한 사내를 만드는 것이기 때문이다.

  친구를 사랑하고 어떤 경우에도 그를 버리지 마라. 만일 친구가 적에게 포위되면 도망치지 말고 그에게 달려가라. 만일 그를 구하지 못한다면 같이 죽어서 나란히 묻히도록 해라."

테쿰세의 연설[6]

(1810년 8월 12일 빈센느에서 테쿰세가,
미국 정부가 자신의 종족의 사냥터를 속임수로 구매한 데 대해
반박하며 주지사 해리슨에게 한 연설 중에서)

"나는 쇼니족입니다. 나의 선조들은 용감한 전사들이었습니다. 그들의 자손들 역시 용감한 전사들입니다. 그들로부터 나는 내 존재를 물려받았을 뿐, 그 외의 어떤 것도 나는 내 종족에게서 취하지 않았습니다. 나는 스스로 내 운명을 개척해 왔습니다. 모든 것을 주관하시는 위대한 영을 생각할 때 내 마음 속에 떠오르는 생각처럼 내 인디언 동족과 내 조국을 위대하게 만들 수 있다면 얼마나 좋을까요? 그랬다면 내

---

[6] Sam G. Drake's 'Book of The Indians' 5권, pp.121

가 해리슨 주지사에게 가서 협정서를 찢어 버리고 땅의 경계선을 지우라고 말하는 대신, '선생님, 당신은 자신의 나라로 돌아갈 자유가 있습니다.'라고 말할 수 있을 텐데 말입니다.

과거를 돌이켜보면, 불과 얼마 전까지 이 대륙에 백인은 한 명도 없었습니다. 이 땅은 모두 인디언의 것이었습니다. 그들은 같은 부모의 자식으로서, 이 땅을 지키고 구석구석을 누비며 이 땅에서 나오는 것들을 향유하면서 같은 종족으로 이 땅을 채우도록 위대한 영이 만들어 준 존재입니다. 우리는 행복한 종족이었습니다. 그러나 만족이란 걸 모르고 끊임없이 침범해 오는 백인들에 의해 불행한 존재가 되었습니다.

이런 악행을 막을 수 있는 유일한 방법은 모든 인디언이 단결해서 이 땅에 대한 공동의 동등한 권리를 주장하는 것입니다. 이 땅은 애초부터 그래왔듯이 지금도 나뉘어진 적이 없고 각각의 필요에 따라 쓰도록 모두에게 속한 것이기 때문입니다. 인디언끼리라 해도 이 땅을 서로 사고 팔 수는 없습니다. 이 땅 전부를 원하는 이방인들에게는 더 말할 필요가 없겠지요. 백인에게는 인디언에게서 이 땅을 빼앗아 갈 권리가 없습니다. 이 땅은 애초부터 그들의 것이었기 때문입니다. 이 땅을 거래하려면 모두의 동의가 필요합니다. 인디언 전체의 동의가 없는 거래는 무효입니다. 그런 의미에서 최근의 거래는 옳지 않습니다. 우리 중 한 부분만을 대상으로 한 것이기 때문입니다. 그들은 거래가 어떻게 이뤄져야 하는지 모릅니다. 모두를 위한 거래는 모두의 동의가 필요합니다. 모든 인디언은 점유되지 않은 땅에 대한 동등한 권리를 갖습니다. 한 장소에 대한 점유권을 가지면 다른 장소에 대해서도 마찬가지입니다. 같은 장소를 두 사람이 소유할 수는 없습니다. 최초의 점유자가 배타적 권한을 가집니다. 사냥이나 여행을 위한 땅은 같은 장소를 여러 사람이 쓰고 많은 사람이 오가는 것이기 때문에 그런 주장을 할 수가 없습니다. 그러나 캠프가 세워지면 점유권이 생깁니다. 그 점유권은 그 땅 위에 최초로 담요나 가죽을 깔고 앉은 사람의 것입니다. 그가 그 자리를 떠날 때까지 다른 사람은 그 권리를 가질 수 없습니다."

레드 재킷의 대답 [7]

(1805년 뉴욕주 버팔로에서 선교사 크램에게 한 대답)

선교사가 연설을 마친 후 인디언들은 2시간여 자기들끼리 회의를 했다. 그 후 레드 재킷이 대표로 대답했다.

"친구와 형제들이여, 우리가 오늘 이렇게 모인 것은 위대한 영의 뜻입니다. 그는 우리의 회의를 위해 이렇게 좋은 날을 주셨습니다. 그분은 태양을 가리고 있던 옷을 걷어 햇살이 빛나게 하셨고, 우리의 눈을 열어 선명하게 볼 수 있게 하셨고, 귀를 막지 않아 당신이 한 말을 분명하게 듣게 하셨습

---

7 Sam G. Drake's 'Book of The Indians' 5권, pp.98~100

니다. 이 모든 은혜로움에 대해 우리는 그분께 감사드립니다.

형제여, 이 모임의 불은 당신을 위해 지핀 것입니다. 우리가 지금 여기 모인 것은 당신의 요구에 따른 것입니다. 우리는 당신이 말하는 바를 경청했습니다. 당신은 우리의 마음을 솔직하게 얘기하라고 말했습니다. 그 말은 우리를 기쁘게 했습니다. 이제 우리는 당신 앞에서 우리가 생각하는 바를 말할 수 있기 때문입니다. 우리 모두 당신의 얘기를 들었고 한 목소리로 당신에게 말할 것입니다. 우리의 마음은 하나이기 때문입니다.

형제여, 당신은 자신이 이곳을 떠나기 전에 자신이 한 얘기에 대한 답을 듣고 싶다고 했습니다. 당신은 일부러 먼 곳까지 왔으니 그런 요구는 당연한 것입니다. 우리는 당신을 지체시키고 싶은 생각도 없습니다. 그러나 그 전에 잠깐 과거를 돌아보고, 우리의 선조가 우리에게 한 말씀과 우리가 백인들에게서 들었던 얘기를 좀 하고자 합니다.

형제여, 우리가 말 하는 것을 들어보십시오. 우리 조상이 이 큰 땅을 차지하고 있었을 때가 있습니다. 해가 뜨는 곳에서 해가 지는 곳까지가 그 경계였습니다. 위대한 영은 이 땅을 인디언을 위해 만드셨습니다. 그분은 먹을거리로 버팔로와 사슴 그리고 다른 짐승을 만드셨습니다. 가죽으로 입을 것을 마련할 수 있게 곰과 비버도 만드셨습니다. 그분은 그것들을 이 땅 구석구석에 퍼져나가게 하신 후 잡는 법을 우리에게 가르쳐 주셨습니다. 그분은 빵을 만들 수 있는 옥수수도 만들어 주셨습니다.

이 모든 것은 그분이 자신의 자식인 인디언을 사랑하셨기 때문에 하신 일입니다. 사냥터에 관한 다툼이 있을 때도 있었지만 우리는 보통 피를 흘리지 않고 원만하게 해결해 왔습니다.

그러나 당신의 선조들이 큰 바다를 건너 이 땅에 온 이후 재앙의 시간이 우리에게 시작되었습니다. 그들의 수는 적었지만 우리는 그들에게 적이 아닌 친구가 되어주었습니다. 그들은 우리에게 종교의 자유를 찾아 이 땅에 오게 되었다고 말했습니다. 그들은 조그만 땅을 요구했고, 우리는 그들을 불쌍하게 생각해 들어주었습니다. 그들이 우리 사이에 자리를 잡은 후 우리는 그들에게 옥수수와 고기를 주었는데, 그들은 독을 주었습니다(술을 말하는 것 같다). 백인들은 우리의 땅에 대해 알게 되자 더 많이 몰려들며 우리 사이에 자리를 잡았습니다. 그래도 우리는 그들을 두려워하지 않았고 친구로 맞이했습니다. 그들은 우리를 형제라 불렀고 우리는 그들을 믿고 더 많은 땅을 내어 주었습니다. 그들의 수가 엄청나게 늘어나면서 그들은 점점 더 많은 땅을 요구하더니 끝내는 우리의 땅 전부를 달라고 했습니다. 비로소 우리는 현실을 알게 되었고 우리의 마음은 불안해 지기 시작했습니다. 전쟁이 시작되었습니다. 인디언과 싸우기 위해 인디언이 고용되는 일까지 벌어지면서 많은 우리의 동족이 죽어갔습니다. 백인들은 우리들에게 독주를 가져왔고 그로 인해 수많은 사람들이 죽기도 했습니다.

형제여, 지난날 우리의 영토는 넓었고 당신들의 땅은 작았습니다. 이제 당신들은 거대한 민족이 되었고 우리는 겨우 이부자리 펼칠 만한 땅만 가지고 있습니다. 당신들은 우리의 땅 전부를 가져갔지만 그것에 만족하지 못하고 이제 당신들의 종교를 강요하려 하고 있습니다.

형제여, 계속 들어주십시오. 당신은 우리에게 위대한 영의 마음에 들도록 경배하는 방법을 가르쳐 주기 위해 왔다고 했습니다. 만일 우리가 백인들의 종교를 받아들이지 않으면 점점 더 불행해질 것이라고도 말했습니다. 당신의 말은 당신들은 옳고 우리는 그르다는 것인데, 그 말이 맞다는 것을 우리는 어떻게 알 수 있습니까? 당신들의 종교가 책에 씌어져 있다는 것은 우리도 알고 있습니다. 그러나 그것이 당신들에게 뿐 아니라 우리에게도 필요한 것이라면 왜 위대한 영이 그것을 우리에게 주지 않았을까요? 아니 우리 뿐 아니라 우리의 선조들에게도 주지 않았을까요? 우리가 아는 것이라고는 당신이 우리에게 얘기해 주는 것뿐입니다. 수없이 백인들에게 속아온 우리가 어떻게 그 말을 믿을 수 있겠습니까?

형제여, 당신은 위대한 영을 경배하는 방법은 한 가지 밖에 없다고 말합니다. 그러나 종교가 하나 밖에 없다고 한다면 당신들 백인들은 왜 그렇게 의견이 다른지요? 당신들 모두 그 책을 읽으면서도 왜 의견이 통일되지 않는지요?

형제여, 우리는 이 문제를 이해할 수 없습니다. 당신들의 종교는 선조 때부터 아버지에게서 아들에게로 이어져 왔다고 들었습니다. 우리들의 종교도 선조 때부터 대를 이어 전해져 오는 것입니다. 우리는 우리가 받은 모든 것에 감사하라고 배웠습니다. 서로 사랑하고 단결하라고 배웠습니다. 우리는 종교 때문에 다투어 본 적이 없습니다.

형제여, 위대한 영은 우리 모두를 만드셨습니다. 그러나 그분은 백인과 인디언은 매우 다르게 만드셨습니다. 그분은 우리에게 다른 피부색과 관습을 주셨습니다. 그분은 당신들에게 기술을 주셨는데, 그 부분은 그분이 우리의 눈을 뜨게 하지 않은 부분입니다. 다른 일에서도 이렇게 커다란 차이를 만드신 그분이 우리에게는 우리에게 맞는 종교를 주셨다고 믿지 않을 이유가 있습니까? 위대한 영은 옳게 행하십니다. 그분은 어떻게 하는 것이 그의 자녀에게 가장 좋은 일인지 알고 계십니다. 우리는 그분이 행하신대로 만족합니다.

형제여, 우리는 당신들의 종교를 없애거나 당신들에게서 빼앗기를 원치 않습니다. 우리는 우리 자신의 종교를 믿고 싶을 뿐입니다.

형제여, 당신은 당신들이 우리의 땅이나 돈을 빼앗기 위해 온 것이 아니라 우리의 정신을 개화시키려 왔다고 했습니다. 나는 이제 내가 당신들의 집회에 가서 당신들이 돈을 걷는 모습을 본 적이 있음을 말하려고 합니다. 나는 그 돈의 목적이 무엇인지 모르겠습니다. 만일 그 돈이 목사를 위한 것이라면, 우리가 당신들이 믿는 방식을 따른다고 했을 때 당신은 우리에게도 얼마간의 돈을 요구할 것입니다.

형제여, 우리는 당신이 이곳에 있는 백인들에게도 설교를 하고 있다는 얘기를 들었습니다. 그들은 우리의 이웃이고 서로를 알고 있습니다. 우리는 당신의 설교가 그들에게 어떤 영향을 끼치는지 얼마간 지켜보고자 합니다. 만일 그로 인해 그들이 선해지고, 정직해지고, 인디언을 덜 속이게 된다면 그때 당신의 말에 대해 다시 생각해 보겠습니다.

형제여, 이제 당신은 당신이 말한 바에 대한 우리의 답변을 들었습니다. 그것이 우리가 현재 시점에서 당신에게 말해 줄 수 있는 전부입니다. 이제 우리는 헤어져야 합니다. 우리는 당신의 손을 잡고 위대한 영이 친구에게 돌아가는 당신의 여행길을 지켜주시길 기원해 드리겠습니다."

추장과 다른 사람들은 악수를 하려고 선교사 옆으로 모여들었다. 선교사는 그들의 손을 뿌리치고 서둘러 자리에서 일어서며 이렇게 말했다. "신을 믿는 사람과 악마를 믿는 사람

사이에 우정이란 있을 수 없다. 나는 저들과 악수하지 않겠다." 이 말을 통역해주자 그들은 미소를 지으며 조용히 물러갔다.

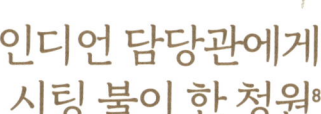

인디언 담당관에게
시팅 불이 한 청원[8]

모든 인디언은 평생 신에게 기도하면서, 선한 길을 찾고 어떤 악한 일도 하지 않으려 노력한다. 이것이 우리가 원하는 것이고 신에게 기도하는 것이다. 그러나 당신은 우리를 믿지 않는다.

당신은 우리가 당신의 종교에 대해 비방하지 않는 것처럼 우리의 종교를 비방하면 안 된다. 당신들은 신께 기도한다. 우리 인디언도 그렇게 한다.

---

8 Stanley Vestal, 'Sitting Bull', 1932, p.291

우리는 같은 신께 기도할 뿐이다. 그분은 우리 모두를 만드신 분이기 때문이다.

노코나 Nocona 의 죽음

텍사스 유격대는 코만치족을 피스강을 따라 펼쳐져 있던 그들의 사냥터에서 몰아내기 위해 조직되었다. 설 로스 대위 휘하에 모인 이들 80명의 튼튼하고 혈기왕성하며 총을 잘 쏘는 대원들은 20명의 제2기병대원들과 합류해, 1860년 12월 18일 피스강변에 있는 인디안 캠프를 찾아 나섰다.

그들은 모래 폭풍 속을 행군해서 해가 뜰 무렵 코만치 부락에 도착했다. 거주자들은 주로 여자와 아이들이었고 활과

---

9 C. L. Douglas, *The Gentlemen in the White Hats*, 1934, pp.63~65

화살로 무장한 전사들은 소수였다. 이들은 미처 잠자리에서 일어나기 전이었다. 때문에 유격대는 자신들이 온 것을 들키지 않고 손쉽게 마을을 포위할 수 있었다.

뒤이어 유격대장의 공격 명령이 떨어졌다.

"명령이 떨어지기 무섭게 그들은 천막 사이를 헤집어 난도질을 하고, 치명적인 근접 사격을 해댔다. 인디언 전사들은 여자들과 아이들이 그들의 빠른 조랑말을 타고 도망칠 수 있을 때까지 습격자들을 붙잡아 두려고 용감하게 싸웠다. 그 말들은 아침에 버팔로 사냥을 나가기 위해 이미 고삐가 채워져 있는 상태였다. 그들의 저항은 어느 정도 성공을 거두었다. 많은 여자 그리고 몇몇 전사들까지 말에 올라 탈 수 있었다. 그러나 그들은 기병대의 총구가 기다리는 포위망 속으로 들어가고 말았다.

전투는 제대로 시작도 되기 전에 끝났다.

페나 노코나 추장은 운 좋게 말을 탈 수 있었다. 15살 된 소녀를 뒤에 태운 그는 기병대원에게서 벗어나기 위해 북쪽으로 돌진했다. 그의 뒤로 빠른 야생마에 탄 여인이 아이를 팔에 안은 채 따라갔다.

노코나는 소녀에게 자신의 허리를 꽉 잡게 한 후 바람을 가르는 악마처럼 달려 나갔다.

추장의 뒤를 따르는 여자는 아이를 가슴에 안고 가느라 고삐도 놓은 채 발뒤꿈치로 말의 갈비뼈를 툭툭 차며 말을 타고 있었다. 이 코만치 여인의 말 타는 솜씨에 캘러허조차 감탄을 했다.

'저 여자를 잡아! 추장은 내가 쫓겠다!'

로스는 점차 거리를 좁혀 나가서 소위를 앞지른 후 도망치던 여자까지 추월했다. 그기 뒤를 돌아보았을 때 캘러허 소위는 여자의 말고삐를 잡고 그들을 끌어내리고 있었다. 그는 이제 노코나 추장을 쫓는데 집중할 수 있었다.

추장이 탄 말은 두 사람을 태운 때문에 빠르게 지쳐갔다. 로스는 20야드 뒤까지 그들을 쫓아갈 수 있었다. 그는 허리띠에서 권총을 꺼내 쳐든 후 아래로 내리면서 발사했다.

'퍽!...' 노코나의 허리를 잡고 있던 소녀의 몸이 요동쳤다. 등에 관통상을 입은 소녀는 달리는 말위에서 미끌어져 내렸다. 그녀는 여전히 추장의 허리띠를 잡은 상태였기 때문에 결국 노코나 역시 여자와 함께 떨어지고 말았다.

노코나는 고양이처럼 민첩하게 착지해 자세를 잡은 후, 초원의 인디언만이 보여줄 수 있는 전광석화와 같은 동작으로 어깨 뒤에서 활을 꺼내 화살을 겨누었다. 로스는 미처 방향을 바꿀 새도 없이 두 개의 긴 화살에 표적이 되었는데, 그 중 하나가 그가 타고 있던 말의 왼쪽 어깨에 박혔다.

대위의 말은 격렬한 통증에 날뛰었다. 로스는 고삐를 당겨 말을 어느 정도 진정시킨 후 노코나를 해치우기 위해 방향을 틀었다. 추장은 죽어 가는 소녀 옆에서 활시위를 당긴 채 서 있었다. 그는 유격대원이 다시 공격을 하기 위해 돌아서자 화살을 발사했다. 화살은 빗나갔고 로스는 왼손으로 안장 앞머리를 잡은 채 권총을 발사했다. 총알은 노코나의 오른손 뼈를 부수었다.

'그리고 나서,' 나중에 이 이야기를 하면서 로스는 이렇게 말했다. '나는 추장의 몸을 두 번 맞추었다. 그는 천천히 작은 나무가 있는 곳으로 걸어가더니 나무에 기댄 후 야성적이고 기이한 노래를 부르기 시작했다.'

로스는 말에서 내려 추장에게 걸어갔다.

'항복하지?' 그가 요구했지만, 노코나는 고개를 저은 후 마지막 저항의 몸짓으로 왼손에 들고 있던 창을 쳐들었다.

　유격대원 중 멕시코인 한 명이 다가와 말에서 내렸다. 그는 팔꿈치에 장총을 끼고 있었다.

　'처치해 버려!' 로스가 명령을 내렸다.

　멕시코인은 장총을 겨눈 후 방아쇠를 당겼다.

　노코나는 여전히 그의 야성적이고 기이한 노래 – 코만치족의 죽음의 노래 – 를 부르며 창처럼 꼿꼿하게 도도하고 오만한 모습으로 서 있었다.

　그리고 그는 쓰러졌다. 먼지속의 화실처럼."

제 7 장

인디언의 선지자들

와칸 탕카시여, 저를 가엾게 여기소서.
부족의 이름으로 저는 당신께 이 파이프를 바칩니다.
태양과 달, 대지와 네 방향의 바람이 있는 어디에나
당신은 함께 하십니다.

포와턴

하이어워사 Hiawatha

이로쿼이 연맹의 위대한 선지자. 그는 토터스^{Tortoise}족의 한 갈래인 모혹^{Mohawk}족이었다. 1570년경 살았던 것으로 추정된다. 그는 내부의 분쟁과 작은 알력이 인디언을 파괴하는 가장 큰 해악이라 생각하고 이로쿼이 연맹을 결성했다. 이 연맹은 내부 분쟁이 있을 때 전쟁이라는 방법 대신에 정의의 재판정을 이용함으로써 보편적 평화와 번영을 이끌어 내자는 목적을 가지고 있었다.

롱펠로우의 시 "하이어워사"는 엘직 리서치에서 출간한

하이어워사에 관한 얘기를 토대로 한 것인데, 핵심 내용이 역사적으로 믿을 만하다는 평을 받았다.

포와턴 Powhatan
(1547−1618)

버지니아 지역의 포와턴 연맹을 만든 대추장. 처음에는 백인들에게 우호적이었으나 그들의 배신과 도적질에 분개해 전쟁을 선포했다. 포카혼다스가 그의 딸이다.

메타코미트 Metacomet

1620년(?)에 태어나 1676년 8월 12일 죽었다. 왐파노아그Wampanoag족의 추장으로 킹 필립으로도 불렸다. 뉴잉글랜드 지역에서 가장 유명한 인디언이었다. 백인들이 자신들의 땅 전체를 노리고 인디언을 절멸시키려 한다는 사실을 깨닫고, 9년 동안의 준비 후 1675년 전쟁을 선포했다. 12개의 백인 도시를 점령하고 파괴한 후에 로드아일랜드의 마운트 호프를 공격하던 중 1676년 8월 12일 전사했다.

와바샤 Wabasha

산티 수우족으로 1718년 미네소타의 럼 강 지역에서 태어났다. 그는 위대한 추장이며 전사였다. 무엇보다 인디언 철학을 잘 설명하고 이해시킨 철학자였다. 1799년 죽었다. 그의 아들과 손자 증손자들은 모두 와바샤 또는 와파샤라는 이름을 가지고 있다.

폰티악 Pontiac

    오타와족의 대추장으로 오하이오의 마우미 강 유역에서 1720년 출생했다. 그는 백인을 몰아내고 인디언의 옛 영토를 되찾기 위해 모든 인디언 부족의 대연맹을 만들고자 했다. 그의 군대는 샌더스키, 세인트 조세프, 마이애미, 퀴아테논, 미칠리마키넥, 프레스퀴섬, 버낭고 등을 성공적으로 공략했지만, 디트로이트와 포트 피트에서는 패퇴하고 말았다.

    이 패배와 그가 동맹을 맺고 있던 프랑스가 영국과 평화조약을 체결하는 바람에 백인과 타협을 할 수밖에 없었고, 1765년 8월 17일 디트로이트에서 평화협정에 사인했다. 4

년 후 일리노이의 카호키아에서 만취한 인디언에 의해 살해되었다.

테쿰세 Tecumseh[1]

쇼니족의 대추장으로 오하이오의 피쿠와에서 1768년 태어나, 1813년 10월 5일 온타리오의 템임즈빌 전투에서 45세의 나이로 전사했다.

그는 의심의 여지없이 가장 위대한 미국 인디언 중 한 명

---

[1] 템스빌에서 테쿰세의 죽음을 설명한 후, 역사학자 드레이크는 다음과 같이 덧붙였다. "전투가 끝난 후 미국 병사들이 추장의 시신에 저지른 끔찍한 만행과 야만적 행위는 말하기도 창피할 정도이며 어떤 비난도 면하기 어려울 것이다. 몇몇 병사들은 그의 살점을 기념으로 가져가기도 했다. 그 말이 사실인지 확인은 못 했지만 아직까지도 그의 피부로 만든 면도날 보관 케이스를 가지고 있는 사람이 있다는 얘기도 들었다."

이었다. 미국의 역사에서 위대한 전사, 위대한 정치가, 위대한 사냥꾼, 위대한 운동선수, 위대한 지도자로 불릴 수 있는 유일한 사람이라고도 할 수 있다. 그는 약점이나 오점이 없는 삶을 살았다. 기록을 살펴 볼 때 그는 인종을 떠나 서구 세계 전체를 통틀어 가장 고귀한 인간의 모습을 보여주었다.

그는 모든 인디언에게 속한 땅을 한 부족이 임의로 처분할 권리는 없다고 생각했으며, 이에 따라 미국 정부와 그들 부족이 맺은 모든 조약의 무효화를 선언했다.

테쿰세는 전체 인디언 부족이 단결하지 않으면 백인들의 파괴적 침략을 막을 수 없다고 생각했고, 전 생애를 전체 인디언의 연합체를 만드는 데 바쳤다.

인도적인 차원에서 인디언 뿐 아니라 영국군들도 죄수들에게 고문을 하지 못하도록 한 사람도 그였다. 고문은 모든 군대, 특히 유럽에서는 관행이었다.

블랙호크 Black Hwak

    속과 폭스족의 추장이며 탁월한 전사. 일리노이 주의 록 강 주위에서 1767년 태어나 1838년 10월 3일 죽었다. 그는 그의 부족이 1832년 블랙 호크 전투를 벌일 때 지도자였다. 그의 가장 유명한 전과는 스틸맨 소령 휘하 270명 캔터기 소총 부대를 격퇴 시킨 일이다.

    그는 40명의 전사를 이끌고 그들과 맞서 많은 사상자를 남기는 치욕적 패배를 안겼다. 생존자들은 30마일을 도망쳤고 몇몇은 집에 도착할 때까지 멈추지 않았다.[2]

---

2 H. B. wood, 'Lives of Famous Indian Chiefs', 1906, p.367

세쿼이어 Sequoya

    테네시 주의 타스키니에서 1760년 경 태어나 멕시코의 타마우리파스에 있는 샌 페르난도 인근에서 1845년 8월 죽었다. 그는 백인 남자와 체로키족 여자 사이에서 태어난 혼혈이었다. 그는 1821년 85자의 음절 알파벳을 고안했는데, 대단히 합리적이고 배우기 쉬워서 몇 달 후에는 수많은 동족들이 자신들의 언어로 읽고 쓸 수 있게 되었다.

크레이지 호스 Crazy Horse

　오그랄라 수우족의 유명한 추장. 그의 가르침은 영감에 차 있었으며 고결한 윤리성에 바탕하고 있었다.

　크레이지 호스는 카스터 장군과의 전투에서 시팅 불 다음가는 지휘관이었다. 신변 안전을 약속받고 항복을 했지만, 1877년 9월 7일 미국 정부의 요원에 의해 암살되었다.

시팅 불 Sitting Bull

홍크파파 수우족의 유명한 추장. 사우스다코다 주의 그랜드 리버에서 1831년 3월 태어나 1890년 12월 15일 스탠딩 록에서 정부 요원에 의해 계획적으로 살해되었다.

전투를 기획하고 지휘한 추장이었지만, 동시에 몽상가이자 신비주의자였으며 투시 능력과 깊은 통찰력을 가진 철학자이기도 했다. 그는 당대에 가장 위대한 인디언으로 대단한 영향력을 가지고 있었기 때문에, 인디언국은 수단 방법을 가리지 않고 그를 제거하려 시도했다.

그는 투시 능력을 통해 1876년 7월 24일 카스터 장군이 대규모 군대를 이끌고 모든 여자와 아이를 포함한 그의 종족을 말살시키기 위해 올 것이라는 것을 예견했다.

자신보다 부족의 안위를 걱정하는 그의 영혼의 고결함은 그가 신에게 드린 기도를 통해 잘 드러나 있다. 전투 전날 밤, 그는 캠프를 떠나 가까운 언덕의 꼭대기로 올라가 기도를 드렸다.

"'긴 머리'의 장군이 불러 올 피비린내 나는 전쟁을 앞두고, 추장은 언덕 위에 서서 어두운 하늘을 향해 두 손을 올린 채 그에게 승리를 약속한 신을 향해 오열하며 기도를 드렸다.

'와칸 탕카시여, 저를 가엾게 여기소서. 부족의 이름으로 저는 당신께 이 파이프를 바칩니다. 태양과 달, 대지와 네 방향의 바람이 있는 어디에나 당신은 함께 하십니다. 아버지, 저희 부족을 보호해 주소서. 저희는 살고 싶습니다. 모든 불행과 재난에서 저희를 지켜 주소서. 불쌍히 여기소서.'

기도를 마친 후 시팅 불은 천막으로 돌아갔다. 그는 땅에 세워둔 막대기에 약간의 담배를 묶어 두었다. 다음날 카스터 군대의 말발굽이 그 막대들을 쓰러뜨렸다. 그러나 수우족들은 이 공물이 헛되지 않았다고 말한다."(이날의 전투에서 카스터의 원정대는 패퇴하고 장군은 전사했다) [3]

---

3 Stanley Vestal, 'Sitting Bull', p.161

스모할라 Smohalla

　네즈 퍼스^{Nez Perce} 또는 사합틴^{Sahaptin}족의 위대한 예언자이자 스승. 그는 인디언들이 백인들의 가르침을 거부하고 전통적인 삶의 방식으로 돌아가야 한다고 촉구했다. 그는 백인들이 제공하는 모든 물자, 특히 총기류를 사용하지 말자고 주장했다. 꿈과 예언을 통해 나타나는 신의 섭리에 따르자고 말했다. 그는 1817년 경 태어나 1900년에 죽었다.

제로니모 또는
고야쓸레이 Geronimo or Goyathlay

치리카후아^{Chiricahua} 아파치 족의 위대한 주술사이며 전쟁 지도자. 1834년 뉴 멕시코 주의 포트 툴레로사 인근에 있는 길라 강에서 태어나 오클라호마 주의 포트 실에서 1909년 죽었다. 그와 그의 동족들은 인디언의 운명이 걸린 법률과 협정을 끊임없이 침범하는 백인들에 의해 절망적 상태로 내몰렸다.

1885년에서 1886년에 걸쳐 제로니모의 전투는 역사에 기록된 전투 중 가장 유명한 것 중 하나다. 부녀자와 아이들에 의해 행동의 제약을 받고 직접 포획한 것 외의 어떤 보급

품이나 탄약도 없이, 이들 35명의 전사들은 5000명의 정규군과 500명의 인디언 보충대 그리고 숫자가 파악되지 않는 많은 국경수비대에 맞서 18개월 동안 항전을 계속했다. 이 기간 동안 그들은 수백 명의 백인을 죽였으나 그들의 손실은 단 6명이었다. 그 6명 중 군인에 의해 사살된 사람은 한 명도 없었다.

워보카 Woboka

1856년 네바다 주에서 태어난 파이우테^{Paiute}족의 주술사. 그는 예수가 전쟁과 굶주림, 불화를 없애기 위해 재림한 후 그를 기리기 위해 영혼의 춤을 출 거라는 생각을 했다. 자신이 본 계시를 통해 그는 이렇게 주장했다. '싸우지 마라. 다른 사람을 해치지 마라. 언제나 옳은 일을 하라.' 스탠리 베스탈은 이렇게 말했다. "의식(儀式)의 차이를 제외하면 영혼의 춤은 완전히 기독교적인 것이었다. 게다가 그것은 어떤 선교사보다도 더 의미 있게 무저항과 형제애를 인디언들에게 가르쳤다." 그러나, 단지 그 춤을 추었다는 이유만으로 수백 명의 인디언들이 - 남자, 여자, 아이들을 포함한 - 1890년 12월 29일 미국 정부에 의해 잔인하게 살해되었다.

제 8 장

백인들이 기록한 인디언의 생각

불신은 없다
땅 속에 씨를 뿌리고
그 싹이 땅을 뚫고 올라오기를 기다리는 사람은
모두 다 신을 믿는 것이다

레드 클라우드

많은 백인 남녀가 인디언들과 가깝게 지내면서 그들 영혼의 편린을 본 후 그것을 말과 글로 남겼다. 그것들은 우리가 그들의 참 모습을 이해하는 소중한 자료다. 그 몇몇 예를 기록해 둔다.

마음의 친구 [1]

– 메리 오스틴

해질 녘 흰 별은 반짝이고
날이 저물어 갈수록
하늘은 더욱 푸르다.
그러나 그녀, 내 마음의 친구는
더욱 아름답게 빛난다.

---

[1] 이 책에 실린 총 5편의 메리 오스틴이 채록한 시는 그녀의 책 '미국의 노래(The American Rhythm)에서 발췌한 것이다.

해질 녘 흰 별은 반짝이고

방랑하던 달은

하늘 끝에 달려있다.

그러나 그녀, 내 마음의 친구는

너욱 아름답게 빛난다.

지나가는 아름다운 여인을 위한 노래

- 메리 오스틴

대지를 가로지르는 태양처럼

너의 모습은 생기를 주는구나

네가 지나가는 모습은 내게 삶을 다시 살게 하고

너에게 가고 싶어 허리가 들썩거린다.

너의 아름다움에 내 피는 더욱 붉어진다.

갓난아이를 위한 노래

- 메리 오스틴

(산모에게서 아이를 받은 사람이 부르는 노래)

갓난아이를 맨 땅 위에

맨 몸으로 내려놓아라

대지의 어머니 위에서

그녀를 알게 되고

먹을 것을 주시는 그녀에게 감사하게 되리.

갓난아이를

부드럽게 팔에 안고서

그를 위해 기도한다.

집의 수호신이시여

이 아이가 행복하게 부족함 없이

어른이 되게 하소서

아름답게 나이 들어가게 하소서

대지의 어머니가 아낌없이 자신을 나누어 주도록

그녀에게 감사하면서

갓난아이를 맨 땅 위에

맨 몸으로 내려놓아라

산의 신에게 바치는 기도

- 메리 오스틴

산에서 자란
젊은 추장님,
산의 주인이시여
여기 젊은 사람의 기도를 들으소서.

청결한 이 기도를 들어주소서
산을 울리며 내리는
남자 비의 신이시여
대지를 새롭게 깨우는
여자 비의 신이시여
깨끗한 비의 신이시여
순수한 이 기도를 들어주소서

젊은 추장님
날쌔게 해 달라는 기도를 들어주소서
독수리 사이에서 자라고

사슴의 길을 지키는 신이시여
제 발에서 굼뜸을 가져가소서
인간의 길을 지키시는 신이시여
옳은 길을 갈 수 있게 해주소서

용기 있게 해 달라는 기도를 들어주소서
천둥 속에서 자라
번개를 지키시는 신이시여
아침의 길목에서
어두운 구름을 지키시는 신이시여
소신 있게 해주소서
젊은 추장님
산의 신이시여!

아들을 잃은 아버지의 탄식

― 메리 오스틴

아들아, 내 아들아!
나는 산에 올라가
내 아들 영혼의 발치에
불을 피우고
슬퍼하련다
오 나의 아들아!
네가 없는 삶이 내게 무슨 의미란 말이냐!

아들아, 내 아들아!
우리는 너에게 추장의 옷을 입히고
용사의 옷을 입혀
땅 속 깊이 조심스럽게 내려놓았다.
영혼의 나라
그곳에서 반드시
너의 한 일이 너와 함께 하리라
반드시

옥수수는 다시 싹을 틔울 것이다.

아아! 그러나 여기 있는 나는
씨앗을 줍는 자들조차 지나쳐가는
텅 빈 쭉정이일 뿐이다.
아들아, 내 아들아!
네가 없는 삶이 내게 무슨 의미란 말이냐!

최후의 노래[2]

– 하트리 버 알렉산더

내가 최후의 노래를 부르는
그날이 아름답기를
환한 낮이기를!

나는 두 발로 서서
노래하리라

---

2 'God's Drum', 1927

두 눈을 들어 하늘을 보며
노래하리라!

바람은 내 몸을 감싸고
햇빛은 내 몸을 비춰주리
온 세계가 나를 위해 음악을 들려주리.

오 빛나는 자여! 그대가 나를 데려가는 날이
아름답기를
내가 최후의 노래를 부르는 그날이
환한 낮이기를

신의 북

― 하트리 버 알렉산더

둥근 대지는 큰 북의 거죽이어서
낮에는 위로 올라가고
밤에는 아래로 내려온다
낮과 밤은 그 북의 노래다

북 위에서 춤출 때 나는 작은 존재다

북 위에서 춤출 때 나는 먼지 같은 존재다.

저 위 하늘에서 북채 같은 태양이 빛난다.

나는 낮 동안 춤추며 하늘로 올라갔다.

밤이 되면 춤추며 아래로 내려온다.

언젠가 저 먼지처럼 춤추며 하늘로 올라가리라.

대지의 북을 두드리는 사람은 누구인가?

나를 그의 노래에 맞춰 춤추게 하는 사람은 누구인가?

죽음의 신발

― 릴리언 화이트 스펜서

나의 용사가 싸우러 나갑니다.

그의 허리에는 낡고 작은 모카신이 달려 있습니다.

우리의 아이는 이제 다른 신발을 신고 있습니다.

작지만 화려한 구슬로 바닥을 장식한 신발입니다.

허공을 밟는 자들만 신는 신발입니다.

그가 아파 누워 있을 때 나는 울면서
서둘러 그러나 예쁘게 그것을 만들었습니다.
이렇게 젊은 아이를 위해
무덤에 신고 갈 신발을 만들 줄은 몰랐습니다.
아이의 아버지는 아이가 신던 신발을
그를 죽인 자에게 매달리고 가져갑니다.
그래야 그가 영혼의 세계에서 아이를 찾아내어
아이의 친구가 될 수 있으니까요

오마하족이 노래를 부르며 돌아옵니다
내 남편은 옆구리에
머리 가죽을 차고 왔습니다
내 마음을 짓밟던 조그만 모카신 대신
그의 자부심은 우리에게 다가와
웃으며 내 옆에 앉습니다.
그러나 그의 숨겨진 상처에서 나온 피로
대지는 붉게 물들고 웃음은 사라집니다.
사람들은 아이의 얼굴에 마지막 흰 선을 그립니다

두 개를 그리고 두 개를 그리고 다시 두 개를
그들이 말해 줍니다
"너는 신성한 버팔로와 함께 이 땅에 왔다
우리는 너를 그들의 가죽으로 싸 줄 것이니 이제 그들에게 돌아가라
이 고단한 길로 다시는 오지 마라
담대하라! 너의 네 영혼은 사방에서 불어오는 하늘의 바람을 맞을 것이다."

나는 그의 시신 위에 머리카락을 잘라 넣고 슬픔에 팔을 묻니다
울음이 새어 나옵니다
죽은 자를 위한 피리와 북도 따라서 흐느낍니다
내 아들이 가는 길을 날듯이 만들어 줄 신발을 보세요
그 신발은 내가 신혼 시절 웃으며 짰던 거지요
이 아이가 그것을 필요로 하기 훨씬 전
내 발에 신겨질 거라 생각하면서 말이에요
"오코다, 신비한 신이시여, 당신의 전사가 떠나려 합니다.

그의 발은 이제 더 이상 땅을 밟지 않을 것입니다
그는 화려한 구슬 장식이 바닥을 장식한 모카신을 신고 있습니다"

불신은 없다

– 알프레드 울러

불신은 없다
땅 속에 씨를 부리고
그 싹이 땅을 뚫고 올라오기를 기다리는 사람은
모두 다 신을 믿는 것이다
모두 다 신을 믿는 것이다

하늘에 구름을 보며
"인내하라. 마음과 빛은 천천히 열린다"고 말하는 사람은
지고의 신을 믿는 것이다
지고의 신을 믿는 것이다

눈 속 겨울 들판에서

장차 영글 곡식을 볼 줄 아는 사람은
신의 능력을 아는 것이다
신의 능력을 아는 것이다

모든 감각을 닫고서
깊은 잠에 드는 사람은
신이 지켜 주심을 아는 사람이다
신이 지켜 주심을 아는 사람이다

불신은 없다!

제 **9** 장

어디로?

그들은 내가 알고 있는 어떤 사람들보다
인간다움에 대한 우리의 높은 이상을 완벽하게 구현한 사람들이다.
따라서 나는 그들이야말로 야성적 삶의 모델이며,
완전한 인간을 찾기 위한 우리의 여정에 안내자가 되어 줄 것이라고 선언한다.

늑대 로브

비전

나는 내 동족이 이랬으면 하는 꿈이 있었다. 나는 깨끗하고 남자답고 강하고 야비하지 않으며, 용감하되 친절하며 힘있지만 온유하고 고상하며, 과묵하나 다정하고 긴급한 상황에 대처할 준비가 되어 있으며, 책이나 교리 또는 가끔 지키는 계율에 의해서가 아닌 도움이 필요한 사람을 돕고자 하는 욕망, 그것도 막연한 다른 어떤 세상에서가 아니라 바로 지금 여기 우리 사이에서 실천하겠다는 의지로 채워진 종교적 믿음을 가진 사람을 꿈꾸어 왔다.

나는 그런 목표를 가지고 내 삶을 통해 그리고 가까운 역사 속에서 그런 사람을 찾았지만 찾을 수 없었다.

  개척자와 평원에서의 삶은 매우 강하게 그런 품성의 사람을 필요로 하는 것처럼 보였다. 그렇게 믿고 싶었다. 그러나 그들에 관한 기록 심지어 그들의 친구가 쓴 기록을 살펴보아도 그들의 삶은 너무나 잔혹해 보였다. 나는 내 눈으로 상세하게 산간벽지의 사람들과 개척자들, 대평원의 사람들 그리고 거대한 오하이오 숲속 정찰대의 삶을 보고 배울 수 있었다. 그들은 거의 예외 없이 믿을 수 없고 잔혹하고 무가치한 삶을 살고 있었다. 그들의 무감각하고 잔인한 대담함이라는 것은 기껏해야 활과 화살을 대적할 때 총이라는 더 좋은 성능의 무기를 가지고 있다는 생각과 비록 멀리 떨어져 있기는 하지만 압도적 숫자의 군대가 자신들의 뒤를 봐 주고 있다는 데서 기인한 것일 뿐이었다.

  그럼에도 불구하고 나는 여전히 완전한 인간 - 강인하고 용맹하며 친절하고 아름답고 나무처럼 현명하며 삶에 흠이 없는 - 을 만날 수 있으리라는 꿈을 포기하지 않았다. 오랜 여정과 역사와 인간에 대한 풍부한 탐구를 통해 나는 결국 이전에 많은 사람들이 그랬던 것처럼 아메리카 인디언을 이상적 인간으로 생각하게 되었다. 입수 가능한 모든 증거를 통해 볼 때, 그들의 제도가 더 나은 제도이고 그들의 사상이 더 나은 사상이었다. 그들이 훨씬 더 고귀하고 훌륭한 사람들을 배출해 냈기 때문이다. 그들은 내가 알고 있는 어떤 사람들보다 인간다움에 대한 우리의 높은 이상을 완벽하게 구현한 사람들이다. 따라서 나는 그들이야말로 야성적 삶의 모델이며, 완전한 인간을 찾기 위한 우리의 여정에 안내자가 되어 줄 것이라고 선언한다.

내 평생의 꿈과 희망은 내가 백인 세계에 아메리카 인디언의 영적 가르침을 온전하게 전하고 그 가치를 알리는 도구가 될 수 있었으면 하는 것이다.

후기

인디언의
메시지

백인의 문명은 실패작이다. 그것은 우리 주위에서 확연하게 와해되고 있다. 우리의 문명은 모든 중요한 시험에서 실패했다. 결과를 통해 어떤 일을 평가하는 사람은 이 근본적 명제를 의심할 수 없다.

이런 실패의 가장 큰 원인은 분명 돈에 대한 광기이다. 우리는 이런 문제가 인디언들 사이에는 존재하지 않았음을 알고 있다. 그들에게 가장 큰 문제는 식량을 마련하지 못 하는 것이지만 그들은 효율적인 저장 계획을 세워 이 문제를 해결했다.

문명이란 무엇인가? 문자 그대로 그것은 인간이 도시나 공동체 같은 큰 무리를 지어 살면서 그런 연합에서 기인한 폐해로 고통 받지 않으면서 유익함을 누릴 수 있는 제도를 말하는 것이다.

예를 들어, 어떤 사람이 그의 가족과 숲 속에서 고립된 생활을 하고 있다고 생각해 보자. 그들은 생존을 위해 필요한 모든 것을 직접 잡거나 만들어야 한다. 그들은 근처에 사는 다른 가족과 싸워 자신을 보호해야 할 것이고, 머무는 곳이 오염되면 옮겨가는 것이 위생 문제를 해결하는 유일한 방법이 될 것이다.

그러나 백 가구가 함께 모여 살기로 하고, 적대적 종족이나, 식량 부족, 질병, 사교적 즐거움, 영적 생활과 같은 문제를 보다 효율적으로 해결하기 위해 힘을 모으기로 했다고 가정해 보자. 그때 사람들은 시민^{cives}이 되고 그 제도의 결과물이 문명^{civilization}인 것이다.

우리는 어떤 식으로 문명의 가치를 평가할 수 있을까? 아마도 인간의 정신과 인간의 욕망에 대한 철저한 탐구를 통한 인간 본성에 대한 이해를 토대로 가능할 것이다.

그 첫 번째 기준은 이렇다. 너의 문명은 너와 네 이웃이 너와 같은 행위를 할 수 있는 동등한 권리를 해치지 않는 한 어떤 행위를 할 완벽한 자유를 제공하는가?

너의 제도는 절대 다수의 절대 행복을 위해 작동하고 있는가?

너의 문명에는 법정에서의 정의와 길거리에서의 친절함이 있는가?

그 제도는 (구성원의) 고통과 슬픔을 줄여주는 데 힘을 기울이고 있는가?

너의 문명은 모든 개인이 인간다울 수 있는 권리를 보장하는가?

너의 제도는 완벽한 종교의 자유를 보장하는가?

사회의 모든 구성원은 그 사회 속에 남아 있는 것이 있는 한, 음식과 거처를 제공 받고 안전과 존엄을 보장 받을 수 있는가?

너의 제도가 종족의 이해를 조절할 조정 기구를 가지고 있는가?

너의 제도는 어떤 사람이 개인적 특성에 따라 많은 영향력을 행사할 수 있음을 인정하면서도 동등한 한 표를 보장하고 있는가?

너의 제도는 각자의 노동에 따른 생산을 인정해 주고 있는가?

너의 제도는 물질적인 것은 순간의 것이고 정신적인 것이야말로 지속적인 가치가 있다는 점을 인정하고 있는가?

너의 제도는 무자비한 정의보다 관대함에 더 큰 가치를 두고 있는가?

너의 제도는 어떤 개인이 너무 많은 재산을 소유하지 못하도록 하는가?

너의 제도는 아프고, 힘없고, 약하고, 나이 든 사람이나 이방인을 보호하는가?

너의 제도는 가족이라 불리는 자연스런 집단의 보전을 보장하는가?

너의 제도는 인간의 가장 중요한 의무는, 인간을 형성하는 모든 부분과 힘의 조화로운 결합을 통해 인간다움을 획득하고 그것을 자신의 동족에게 바치는 것이 가장 중요한 의무라는 점을 인정하고 장려하는가?

이 모든 물음에 비춰 볼 때 백인의 문명은 실패작이다.

우리 백인은 이제껏 가져 보지 못한 많은 식량과 많은 부와 많은 노동력과 온갖 종류의 물질과 신속한 작업 능력을 가졌지만, 이것들을 효과적으로 조합하지 못해 파국에 직면하고 있는 것은 아닌가?

우리의 제도는 붕괴했다. 우리의 문명은 실패작이다. 어떤 논리를 적용한다 해도 우리의 제도는 한 사람의 백만장자와 백만 명의 거지를 만들어 내는 것이다. 이 문명의 황폐함 속에서 완전한 만족이란 있을 수 없다.

백인들이여! 우리는 이제 지금까지 있었던 가장 영웅적이고 신체적으로 완벽하고 영적 문명을 가졌던 사람들을 대신하여 말한다.

우리는 당신들에게 아메리카 인디언들의 메시지, 즉 인간다움의 계율을 제시했다. 우리는 그들의 문명이 우리의 문명보다 낫다고 주장하며, 뒤늦게라도 회개하고 양심의 가책에 따라 배상하고 그들의 정당함을 인정함으로써 니느웨 사람들이 마지막에 했던 것처럼(아시리아의 수도였던 니느웨 사람들은 예언자 요나의 설교를 따라 40일 후로 예정됐던 멸망을 피할 수 있었다) 신의 심판과 완전한 멸망에 떨어지지 않길 바란다. 그 길을 통해 우리가 좀 더 나은, 좀 더 고귀한 생각을 할 수 있는 기회를 가질 수 있기를 바란다.